Teurer Genosse!

WALTER ULBRICHT   BERLIN, DEN 3.11.72.

                        An den

                        Ersten Sekretär des ZK der SED

                        Genossen Erich Honecker
                        -

                                    Persönliche Verschlußsache
                                    - Vorlagen -

Werter Genosse Honecker!   ZK 02 Tgb.-Nr. _____ 422 a

        Ich habe die Protokollabteilung ersucht, mir und Lotte
Einladungen für die Festveranstaltung zum 55. Jahrestag der
Großen Sozialistischen Oktoberrevolution zuzustellen. Der Leiter
der Protokollabteilung ließ mir mitteilen, er habe keine Vollmacht
mir diese Karten auszuhändigen.

        Das muß ein Mißverständnis sein; denn die Ärztekommission hat
am Dienstag, dem 31. 10., festgestellt, daß sich meine Lage in den
letzten Wochen stabilisiert hat und unter diesen Umständen einer
gesteuerten körperlichen Belastung zugestimmt werden kann. Es gibt
also keinen Grund, mir die Karten vorzuenthalten.

        Gib bitte der Protokollabteilung den Auftrag, mir heute noch
die Einladungen zur Verfügung zu stellen. Ich hoffe, Du verstehst,
daß mir als Teilnehmer am Großen Vaterländischen Krieg besonders
am Herzen liegt, an diesem Tag an der Veranstaltung teilzunehmen.

                        Mit sozialistischem Gruß

                        Walter Ulbricht

Teurer Genosse!

BRIEFE AN ERICH HONECKER

Herausgegeben von
Monika Deutz-Schroeder und Jochen Staadt

: TRANSIT

Inhalt

Vorbemerkung

Erich Honecker (1912-1994) war ein gefragter Mann. In den achtzehn Jahren seiner Amtszeit von 1971 bis 1989 erhielt er rund zwei Millionen Briefe. Ein großer Teil davon wurde in den streng gehüteten Partei- und Staatsarchiven der SED aufbewahrt.

Im Zentrum Berlin, nahe dem Alexanderplatz, lagerten zu DDR-Zeiten im »Institut für Marxismus-Leninismus beim ZK der SED« archivalische Schätze aus mehr als einem Jahrhundert, von den sozialdemokratischen Ursprüngen bis zum Jahre 1989, als die Geschichte des realen Sozialismus durch eine Bürgerbewegung abrupt beendet wurde. Weitgehend erhalten blieben das Zentrale und das Interne Parteiarchiv der SED. Der graue Bau, in dem sich dieser Nachlaß befindet, wirkt mit seiner wuchtigen und turmartigen Eingangsfront wie geschaffen für ein Geheimarchiv.

Der Ursprung des Bauwerks freilich ist bürgerlicher Natur. Es wurde im Stil der »Neuen Sachlichkeit« als Kaufhaus errichtet. Die Nationalsozialisten vertrieben die jüdischen Eigentümer und machten es zum Hauptquartier der »Hitler-Jugend«. Fortan residierte hier, mit Blick auf das Grab Horst Wessels, Reichsjugendführer Baldur von Schirach. Nach dem Ende des nationalsozialistischen Reiches zog die Führung der SED ein. Das Politbüro hielt hier bis 1958 seine wöchentlichen Sitzungen ab. Eine der wenigen Ausnahmen machte es im Juni 1953. Als die Bauarbeiter in der Stalinallee den Aufstand begannen, begaben sich Walter Ulbricht und seine Genossen unter den Schutz der sowjetischen Streitkräfte nach Karlshorst. Im Gebäude blieb als Verbindungsmann der ZK-Funktionär Karl Schirdewan.

Schirdewan, in der Nazi-Zeit wegen Hochverrats eingekerkert, verbrachte damals einige Zeit in der Haftan-

stalt Coswig, einem früheren Schloß am Elbeufer. In der
SED stieg Schirdewan 1953 in das Politbüro auf und
wurde »zweiter Mann« hinter Ulbricht. 1958 warf man
ihm abermals Verrat vor. Wegen »Fraktionstätigkeit«
wurde er, Schirdewan, auf den Posten des Leiters der
Staatlichen Archivverwaltung der DDR abgeschoben –
und kam so wieder ins Schloß von Coswig, wo bis zum
Ende der DDR die Briefe der DDR-Bürger an ihren Vorsitzenden unter Verschluß gehalten wurden. Briefe, von
denen Honecker nur wenige zu Gesicht bekam.

Aus dem Ausland, wo viele DDR-Menschen gerne hin-
gereist wären, schrieben die Mächtigen dieser Welt. Die
des sozialistischen Lagers beschworen untrennbare Verbundenheit, grüßten sozialistisch, kommunistisch oder
brüderlich. Bürgerlich entgegenkommend indes und
staatsmännisch artig waren die meisten Briefe aus dem
NSW (»Nicht Sozialistisches Währungsgebiet«), selten
gab es auch kritische Bemerkungen.

Die Herausgeber haben sich bei der Auswahl der Briefe bemüht, neben der Welt des Teuersten Genossen auch
den Alltag im Zentrum der Diktatur mit seinen bürokra-
tischen Abgründen ins Blickfeld zu rücken. Dieses
Schriftgut voller gespreizter Platitüden und banaler Bos-
haftigkeit kontrastieren einige Briefe aus der Bevölkerung, die zeigen, daß in der DDR eine ausgeprägte
»Meckerkultur« existierte. Sie zeugen von einigem Mut,
von Zivilcourage, aber auch davon, wie Menschen auf
wunderbare Weise undressierbar blieben.

Kürzungen in den Briefen sind durch runde, Einfü-
gungen durch eckige Klammern gekennzeichnet. Offen-
kundige Fehler in Orthographie und Interpunktion wurden der Lesbarkeit halber korrigiert. Schließlich wurden,
um nicht übermäßig antiquiert zu wirken, auch einige
Beispiele moderner Telekommunikation in die Samm-
lung aufgenommen.

Walter Ulbricht, 28. Januar 1969

GÄRUNGSPROZESS

Ulbricht, 1893-1973, Tischler, war 1918 Mitglied des Solda-
tenrates im 19. Armeekorps, Gründungsmitglied der KPD und
seit 1923 Mitglied ihres Zentralkomitees. 1928 wurde er Mit-
glied des Deutschen Reichstages. 1933 Exil in Paris, Prag und
seit 1938 in Moskau. 1946 bis 1971 SED-Chef. Nach seiner
Entmachtung durch Honecker amtierte Ulbricht bis zu seinem
Tode als Staatsratsvorsitzender der DDR. Alexander Abusch,
1902 bis 1986, war von 1958 bis 1961 als Kulturminister
Amtsnachfolger von Johannes R. Becher. 1969 war er Stellver-
tretender Ministerratsvorsitzender. Den folgenden Brief schick-
te der passionierte Skilangläufer Ulbricht aus dem Urlaub sei-
nem damaligen Kronprinzen.

Lieber Erich! Besten Dank für Deinen Brief und das Material. Die übermittelten Entwürfe sind gut. Ich habe nur
kleine Ergänzungen gemacht. (...) Die Kampfdemonstration zum 50. Jahrestag der Ermordung von Karl und Rosa
war ein großes politisches Ereignis. Deine Rede war sehr
wirkungsvoll.

Was die Reaktion des Gegners auf unsere Veröffentlichungen zum 20. Jahrestag betrifft, so denke ich, wir sollten mit der Entlarvung der Spaltungspolitik der USA und
der westdeutschen Reaktionäre beginnen. Es ist charakte-
ristisch, daß anläßlich des 20. Jahrestages der Schaffung
des westdeutschen Separatstaates sowohl die Springerpres-
se als auch Strauß und Schröder betonen, daß Westdeutschland der deutsche Staat sei, der sich mit einer sozialistischen DDR in keiner Form vereinigen könne. Wir
müssen damit rechnen, daß in Zusammenhang mit der
Kampagne zur Bundestagswahl in Westdeutschland von
den Koalitionsparteien die nationalistische Kampagne geführt wird, »nur Westdeutschland ist der deutsche Staat«

und sei das Modell für ein künftiges Deutschland. Also beginnen wir mit der Entlarvung der Spalter und erklären die Ursachen und Hintergründe. (...)

Den Brief von Lilly Becher habe ich mit Interesse gelesen. Aus dem Brief geht hervor, daß es Differenzen gibt über die Einschätzung des Werkes von Johannes R. Becher und seine Bedeutung als Dichter der Nation. Schon der Beschluß, anläßlich des 10. Todestages den Film »Der Abschied« aufzuführen, zeugt von dem Versuch, Johannes R. Becher in seinem jugendlichen Gärungsprozeß zu zeigen. Wir wollen ihn jedoch ehren für seine geschichtliche Leistung und sein dichterisches Schaffen in der Periode des Übergangs vom Kapitalismus zum Sozialismus. Seine Leistung in dieser Periode überragt das Schaffen aller anderen Dichter und Schriftsteller. Statt dessen wird eine Kampagne geführt über die Trennung Johannes R. Bechers von der bürgerlichen Vergangenheit. Für das geschichtliche Verständnis des Dichters ist das zwar auch wichtig, aber das ist doch nicht das Hervorragende. Leider hat Genosse Abusch die Sache auch nicht verstanden, sonst hätte er nicht solch eine widerspruchsvolle Rede zum 10. Jahrestag gehalten. Man muß also auch mit Abusch sprechen. (...)

Bei Lilly Becher ist das Schwanken der Normalzustand. (...) An dem Normalzustand des Schwankens bei Lilly Becher ist nichts mehr zu ändern. Sie muß eine richtige Abreibung bekommen, aber nicht offiziell. Ich würde das den Leiter der Kulturabteilung im ZK machen lassen, mit noch einem Genossen aus der Abteilung.

Man versucht, die geschichtliche und künstlerische Leistung von Johannes R. Becher abzuwerten. Das lassen wir nicht zu, und wir lassen uns auch nicht aus der Ruhe bringen. Schon gar nicht von Lilly Becher. Die Genossen, die mit ihr sprechen, müssen sich vorher genau informieren. Sie müssen sie richtig auf die Schippe nehmen, so, daß sie keine Argumente zum Weitererzählen hat. Oder Abusch soll mit ihr sprechen und dabei seine eigenen Fehler in dieser Sache in Ordnung bringen.

Was die Selbstverbrennung von Palach betrifft, so ist sie erfolgt unter dem terroristischen Druck und mit Betrugsmethoden einer feindlichen Gruppe, die offenkundig mit einer westdeutschen Agentenzentrale in Verbindung steht. Und leider sind die tschechischen Stellen bisher nicht bereit gewesen, die ganze Wahrheit über den Sachverhalt zu veröffentlichen. Was der Führung der KPC fehlt, das ist eine kühne Konzeption über die sozialistische Entwicklung und Perspektive des Volkes, verbunden mit einer grundsätzlichen Auseinandersetzung mit den antisozialistischen Kräften, die vom westdeutschen Imperialismus unterstützt werden. Mit einer so lendenlahmen Argumentation wie bisher, können Parteiführung und Regierung das Volk nicht für eine konstruktive Politik gewinnen. Man müßte Husak und Cernik in Fragen der Wirtschafts- und Kulturpolitik unterstützen. Herzliche Grüße an alle Genossen des Politbüros, Dir wünsche ich alles Gute. Walter

Lily Becher, 1901-1978. 1919 Gründungsmitglied der KPD, Redakteurin der »Roten Fahne« und der »Weltbühne«, 1927 bis 1933 Chefredakteurin der »Arbeiter-Illustrierten-Zeitung«, Emigration nach Frankreich, dort Mitarbeiterin Willi Münzenbergs, 1935 bis 1945 Exil in Moskau, 1945 bis 1951 Chefredakteurin der »Neuen Berliner Illustrierten«, Präsidium des Demokratischen Frauenbundes Deutschland (DFD), Leiterin des Johannes-R.-Becher-Archives der Akademie der Künste. 1971 Vaterländischer Verdienstorden in Gold.
Aus Protest gegen die Niederschlagung des »Prager Frühlings« am 21. August 1968 durch die Truppen des Warschauer Paktes übergoß sich Jan Palach, Student der Staatswissenschaften, am 16. Januar 1969 auf dem Prager Wenzelsplatz mit Benzin und entzündete sich. Er starb am 20. Januar 1969. In der Zeitschrift des Schriftstellerverbandes, Listy, erschien ein Artikel zu diesem Protest: »Die Öffentlichkeit sieht in dieser Tat den symbolischen Ausdruck der Ablehnung einer ihr aufgedrängten Lebensauffassung, die ihr fremd bleibt.«

Walter Ulbricht, 11. März 1972

Bitte um Eintrittskarten

Im Sommer 1970 war es mit dem »Lieben Erich« und dem
»Lieben Walter« vorbei. Die gegenseitige Anrede im Brief-
verkehr lautete seit Juli 1970 »Werter Genosse«. Ulbricht
verlor im April 1971 sein Amt als Erster Sekretär, blieb je-
doch Vollmitglied des Politbüros. Faktisch wurden er und sei-
ne Frau Lotte aber kaltgestellt. Eine durch zwei sowjetische
Ärzte mit unfehlbarer Autorität ausgestattete Ärztekommissi-
on untersagte ihm die Teilnahme an den Sitzungen des Polit-
büros und verfügte außerdem, Ulbricht dürfe nurmehr Vor-
träge von längstens fünfzehn Minuten halten.

Werter Genosse Honecker! Ich habe die Protokollabteilung ersucht, mir und Lotte Einladungen für die Festveranstaltung zum 55. Jahrestag der Großen Sozialistischen
Oktoberrevolution zuzustellen. Der Leiter der Protokollabteilung ließ mir mitteilen, er habe keine Vollmacht, mir
diese Karten auszuhändigen. Das muß ein Mißverständ-
nis sein; denn die Ärztekommission hat am Dienstag,
dem 31. Oktober, festgestellt, daß sich meine Lage in den
letzten Wochen stabilisiert hat und unter diesen Umständen einer gesteuerten körperlichen Belastung zugestimmt werden kann. Es gibt also keinen Grund, mir die
Karte vorzuenthalten. Gib bitte der Protokollabteilung
Auftrag, mir heute noch die Einladung zur Verfügung
zu stellen. Ich hoffe, Du verstehst, daß mir als Teilnehmer am großen Vaterländischen Krieg besonders am
Herzen liegt, an diesem Tag an der Veranstaltung teilzunehmen. Mit sozialistischem Gruß

Lotte und Walter Ulbricht wurden nicht zu der »begeisternden Festver-
anstaltung« (Neues Deutschland) am 6. November 1972 in der Berliner
Staatsoper zugelassen.

Albert Norden, 6. Januar 1972

Werben für Olympia

1972 stand der DDR-Leistungssport vor seiner bis dahin
größten Herausforderung. Die SED-Führung wies im Sep-
tember 1971 den Deutschen Turn- und Sportbund (DTSB)
an, »dem westdeutschen Imperialismus bei den Olympischen
Spielen im eigenen Land eine sportliche Niederlage beizu-
bringen«. Etwa zur gleichen Zeit ortete der DDR-Zoll neu-
artige Diversionsmethoden des Klassenfeindes. Als Anlage
erhielt Honecker die Liste der Ausstellungsstücke »Souvenir-
gegenstände der unterschiedlichen Art mit Olympiawerbung:
Fernsehturm aus Metall mit Kugelschreiber, Biergläser aus
Glas, Ringe aus Keramik mit Werbeaufdruck, Tiere aus
Kunststoff (Olympiawaldi), Sparbeutel, Kopf- und Ta-
schentücher mit Werbeaufdrucken, Schlüsselanhänger, Fla-
schenöffner aus Metall mit Werbedarstellungen, Gedenkmün-
zen, Sportbekleidung, Sportgeräte mit Werbeaufdrucken,
Sporttaschen in verschiedensten Ausführungen mit Werbung;
Schokolade, Süßigkeiten usw.«

Lieber Erich! Ich schlage vor, für die Sekretariatssitzung
am kommenden Mittwoch folgenden Tagesordnungspunkt aufzunehmen: »Stellungnahme zu den in die DDR
versandten Bonner Werbematerialien für die Olympiade
in München. Ohne Vorlage. Berichterstatter Genosse
Norden.«

Die Parteikommission zur Vorbereitung der Olympischen Sommerspiele hat am 5. Januar eine vom Leiter der
Zollverwaltung der DDR, Genossen G. Strauch, zusam-
mengestellte Ausstellung besichtigt. Es geht darum, daß
die Einfuhr von Werbeartikeln, Büchern und Gebrauchs-
gegenständen aller Art für die Olympischen Spiele in
München mit Hilfe des Postverkehrs (Geschenkpakete
und Päckchen) in letzter Zeit sprunghaft zunimmt. Die

beiliegende Aufstellung vermittelt einen Überblick darüber. Ich halte es für erforderlich, daß wir vom Sekretariat aus uns diese Dinge anschauen, und ich möchte dabei einige Vorschläge unterbreiten.

Wenn Du damit einverstanden bist, würde ich veranlassen, daß die Materialien in einem Nebenraum des Sitzungssaals ausgestellt werden. Wir könnten sie dann – zweckmäßigerweise als letzten Tagesordnungspunkt – kurz besichtigen und eine Entscheidung treffen. Mit sozialistischem Gruß

Salvador Allende, 27. Januar 1972

DANK FÜR BRÜDERLICHE EINLADUNG

Salvador Allende; geboren 1908. Als Student inhaftiert wegen Widerstands gegen die Diktatur Ibánez. Später Arzt und 1933 Mitbegründer der Partido Socialista. 1970 mit Unidad Popular Staatspräsident Chiles. Ermordet von Putschtruppen am 11. September 1973.

Estimado Compañero Primer Secretario. Ich möchte Ihren Brief vom Dezember vergangenen Jahres beantworten, in dem Sie mich im Namen des Zentralkomitees der Sozialistischen Einheitspartei Deutschlands zu einem offiziellen Besuch der Deutschen Demokratischen Republik eingeladen haben.

Indem ich auf diese brüderliche Einladung zurückkomme, teile ich Ihre Meinung, daß dieser Besuch mir einerseits die Möglichkeit geben würde, den Prozeß des sozialistischen Aufbaus in der DDR gründlich kennenzulernen und für uns gleichzeitig eine Gelegenheit zu einem positiven Meinungs- und Erfahrungsaustausch von gemeinsamem Interesse für unsere beiden Völker wäre.

Das würde zur weiteren Stärkung der schon bestehenden solidarischen Bande zwischen Chile und der DDR beitragen. Aus diesen Gründen nehme ich mit tiefer Befriedigung die Einladung an, die mir durch Ihre werte Person das Zentralkomitee der Sozialistischen Einheitspartei Deutschlands ausgesprochen hat. Ich bitte Sie, dem ZK der SED meine tiefste Dankbarkeit zu übermitteln. Die Festlegung des Besuchszeitpunktes wird zu gegebener Zeit Gegenstand von Beratungen zwischen den beiden Regierungen sein. Mit brüderlichen Grüßen

María J. Miranda · Jorge Montes, 3. Oktober 1977

Das Bild dieses Landes

Jorge Montes Moraga, Mitglied der politischen Kommission des ZK der KP Chiles, vor dem Putsch Senator, wurde im Austausch gegen elf in der DDR inhaftierte politische Häftlinge von der chilenischen Junta freigelassen. Den Tausch hatten zuvor Herbert Wehner und Wolfgang Vogel als Persönlicher Beauftragter Honeckers ausgehandelt.

Werter Genosse Honecker! Im Juni dieses Jahres kam ich in die DDR, nachdem ich auf Initiative der SED und Ihrer Regierung aus dem faschistischen Kerker befreit wurde. Seitdem sind bereits mehr als drei Monate vergangen, in denen ich mich mit meiner Frau in diesem Land aufhielt. Auch konnte ich hier zusammen mit meiner Familie einige Wochen Urlaub verbringen. Wir sind mit viel Aufmerksamkeit und umgeben von Ihrer liebevollen Sorge betreut worden.

Wie Sie wissen, fand im August ein Plenum des Zentralkomitees unserer Partei statt. Dabei beschloß die Leitung der Partei meinen ständigen Aufenthalt in Moskau.

Demzufolge muß ich in den nächsten Tagen die DDR verlassen, um meine Parteiarbeit aufzunehmen. Wir möchten Sie bitten, der Führung der SED unsere Dankbarkeit zu übermitteln für die Anstrengungen, die zur Erlangung unserer Freiheit führten und dafür, daß wir zusammen mit unserer Familie in diesem herrlichen Land aufgenommen wurden.

Die SED hat ständig ihre entschiedene solidarische Haltung gezeigt und bewiesen, daß sie in ihrer praktischen Politik fest auf den Positionen des proletarischen Internationalismus steht. In vielerlei Hinsicht, liebe Genossen, bleibt uns das Bild dieses Landes und seines Volkes in Erinnerung. Meine Frau und ich fühlen, daß in der DDR ein Teil unseres Herzens zurückbleibt. Wir danken Ihnen für Ihre ständige und persönliche Sorge um die Probleme Chiles. Wir wünschen Ihnen, allen Mitgliedern des Zentralkomitees, allen Mitgliedern der SED und der Jugend sowie der Regierung und dem ganzen werktätigen Volk der DDR von ganzem Herzen Gesundheit und Wohlergehen. Es grüssen Sie hochachtungsvoll

Die intensiven Beziehungen der DDR zum chilenischen Widerstand gegen das Pinochet-Regime und die Aufnahme vieler chilenischer Flüchtlinge in der DDR waren ein Grund dafür, daß der schwer erkrankte Honecker nach seiner Haftentlassung Anfang 1993 bis zu seinem Tod 1994 in Chile leben konnte.

Manuel Azcárate, 1. Februar 1973

BESCHWERDE AUS DEM UNTERGRUND

Der spanische Bürgerkrieg, der Kampf gegen Francos Faschisten, die Internationalen Brigaden, darunter das »Thälmann-Bataillon« nahmen in der Geschichtsschreibung und in der Propaganda der SED nibelungenhaften Rang ein. Nachdem die DDR am 11. Januar 1973 diplomatische Beziehungen mit der Regierung Franco aufgenommen hatte, meldete sich das Exekutivkomitee der Kommunistischen Partei Spaniens (PCE) aus dem Untergrund und erinnerte an die Treueschwüre vergangener Zeiten.

Werte Genossen! Der Grund des Briefes ist es, Euch die Überraschung und Verärgerung mitzuteilen, die wir bei der Lektüre der Pressenachricht über die Herstellung diplomatischer Beziehungen zwischen der DDR und der Regierung Francos empfanden. Aus diesem Anlaß hat das Plenum des Exekutivkomitees eine Erklärung veröffentlicht, deren Text wir Euch am 25. Januar übermittelten. Es erübrigt sich deshalb, hier noch einmal auf die dort entwickelte Argumentation zurückzukommen.

Natürlich wäre es normaler gewesen, daß unsere beiden Parteien ein Treffen durchgeführt und ihre Standpunkte ausgetauscht hätten, anstatt uns vor vollendete Tatsachen zu stellen. Wir erinnern Euch daran, daß wir bereits vor mehr als einem Jahr Eure Partei brieflich um die Durchführung eines Treffens gebeten haben. Ihr habt aber unseren Brief nicht beantwortet. Andererseits wünschen wir, Euch den Protest der Kommunistischen Partei Spaniens über die vom Zentralorgan Eurer Partei »Neues Deutschland« am 13. Januar 1973 über die Lage in unserem Lande veröffentlichten Texte zu übermitteln. Diese Texte stellen eine vollständige Deformierung der Geschichte und gegenwärtigen Realität Spaniens dar. Deformierung im Sinne des Verschweigens des Kampfes der Arbeiterklasse und des Volkes und der Verschönerung der faschistischen Diktatur Francos, der – wie allgemein bekannt ist und wie Ihr es auch in früheren Zeiten zum Ausdruck gebracht habt – mit der Hilfe der Armeen Hitlers und Mussolinis die Macht übernommen hat, wobei mehr als eine Million Spanier den Tod gefunden haben. »Neues Deutschland« verwendet beim Schreiben über unser Land noch nicht einmal den Terminus »Faschismus«. Ja noch mehr, es veröffentlicht ein Foto des blutdürstigen Diktators Franco mit einer nahezu lobenden Unterschrift, in der verdeckt wird, daß er einen Aufstand gegen die spanische Republik organisierte, in der seine Beziehungen mit Hitler verschwiegen und sein Aufstieg zur Macht als Resultat seiner »militärischen Karriere« dargestellt wird.

Wir finden also insgesamt in den Seiten des »Neuen Deutschland« dieselben Verzerrungen, die die Eigenart der franquistischen Propaganda sind. Bis heute hat noch keine kommunistische Zeitung derartige Dinge über den spanischen Krieg und über das franquistische Regime geschrieben. Wir benutzen diesen Brief, um erneut den Willen der KP Spaniens zum Ausdruck zu bringen, weiter für die Einheit der kommunistischen und Arbeiterparteien auf der Grundlage der Prinzipien des proletarischen Internationalismus zu kämpfen. Kommunistische Grüße. Für das Exekutivkomitee der Kommunistischen Partei Spaniens

Am 25. September 1975 brach die DDR die diplomatischen Beziehungen zu Spanien aus Protest gegen die Todesurteile für elf Angehörige der baskischen Opposition ab. Die Wiederaufnahme erfolgte 1977.

Santiago Carrillo, 12. März 1975

Feste Umarmung

Lieber Freund und Genosse! Ich möchte Dir die tiefe Dankbarkeit des Zentralkomitees unserer Partei [Kommunistische Partei Spaniens] für die soeben von Eurer Seite erhaltene außerordentliche Hilfe zum Ausdruck bringen. Das einzige, was wir bedauern, ist, daß wir sie nicht publik machen können, um unsere ganze Partei und unser Volk davon zu informieren.

Unsererseits bemühen wir uns, die auf unserem bilateralen Treffen gefaßten konkreten Beschlüsse zu verwirklichen. Eines der ersten Dinge, die wir uns vorgenommen haben, ist, das Buch über die DDR herauszubringen. Wir haben damit das Mitglied des Exekutivkomitees Ramón Mendezona, einen unserer besten Journalisten, beauftragt. Natürlich wird dieses Buch eine Darstellung der beim Aufbau des Sozialismus in der Deutschen Demokratischen Republik erreichten Erfolge für das spanische Publikum bieten.

Wir werden versuchen, es in Madrid selbst herauszubringen. Sollte dies aber nicht möglich sein, wird es in Paris erscheinen. Wir werden eine breite Streuung nicht nur unter der Emigration in Europa, sondern auch im Inneren Spaniens sichern. Über die weiteren Übereinkünfte werden wir Sie Schritt für Schritt informieren.

Unser Zentralkomitee hat einen sehr günstigen Eindruck über den Ablauf unseres Treffens und das Verständnis, das die Führung der Sozialistischen Einheitspartei Deutschlands und besonders Du, Genosse Honecker, für die Besonderheiten der Lage gezeigt habt, unter der unsere Partei ihren Kampf führen muß.

Die Lage in unserem Lande entwickelt sich – wenn auch in einem sehr heftigen und komplexen Kampf – immer günstiger.

Unsere Hoffnung steigt ständig, daß es unserem Volk
gelingen wird, mit der Hilfe Eurer und der der gesamten
internationalen kommunistischen Weltbewegung sowie
der demokratischen und Befreiungsbewegungen einen
entscheidenden Beitrag im Kampf um Frieden, Demokratie und Sozialismus zu leisten, in dem es sich in kurzer Frist vom Faschismus befreit. Mit meinen herzlichen
kommunistischen Grüßen und einer festen Umarmung

Enrico Berlinguer, 15. Dezember 1976

WAS UNS BEWEGTE

*Enrico Berlinguer, 1922-1984, Untergrundkämpfer gegen
italienische und deutsche Faschisten, seit 1943 PCI-Mitglied,
seit 1962 ZK-Sekretär. Kritiker des Einmarsches der War-
schauer-Pakt-Staaten in die CSSR 1968. 1972 Nachfolger
von Luigi Longo als Parteichef der italienischen Kommunisten. Berlinguer war einer der führenden Vertreter des Euro-
kommunismus und bezog gegenüber dem sozialistischen Lager eine zunehmend kritische Position.*

Caro compagno Erich Honecker, ich habe Deinen Brief
über die Fernsehsendung erhalten, in deren Verlauf ich
italienischen Journalisten in einer Rubrik antwortete, in
der sie üblicherweise Fragen zu aktuellen Themen stellen
und Meinungen zu den verschiedensten Gegenständen
erbitten. Eine der mir gestellten Fragen betraf Wolf Biermann, weil die Tatsache, daß ihm die Staatsbürgerschaft
aberkannt worden ist, in Italien in breitem Maße Gegenstand von Polemiken und Diskussionen war. Uns scheint
es in Anbetracht des Umstandes, daß er nunmehr seit 23
Jahren in der Deutschen Demokratischen Republik ge-
lebt hat und dorthin zurückkehren will, keine wesent-

liche Frage zu sein, ob sie seine Heimat ist. Was uns bewegte und veranlaßte zu sagen, daß wir die Notwendigkeit und den Nutzen der gegen ihn ergriffenen Maßnahmen nicht verstanden, ist unsere Auffassung, daß künstlerische Äußerungen und politische Anschauungen nicht zu administrativen Maßnahmen führen dürfen. Wenn es sich hingegen um Aktivitäten handelt, die dem Gesetzbuch zufolge ein strafwürdiges Vergehen darstellen, dann muß unseres Erachtens ein Prozeß stattfinden und dem Angeklagten die Möglichkeit zur Verteidigung geboten werden. Gewiß ist, daß sich in unserem Lande der Klassenfeind umfassend der gegen Biermann ergriffenen Maßnahme und der Weigerung bediente, ihn erneut in Euerm Land aufzunehmen, daß die Antikommunisten die Angelegenheit sehr nützlich fanden, daß Mitglieder von uns, Freunde und Anhänger unserer Partei und Freunde der Deutschen Demokratischen Republik und Mitglieder der Freundschaftsgesellschaft zutiefst betroffen waren.

Du weißt, lieber Genosse, was unsere Partei getan hat, damit zwischen unseren beiden Ländern nicht nur diplomatische Beziehungen, sondern auch Beziehungen der Freundschaft hergestellt werden. Du erinnerst Dich daran, daß die Veranstaltung des Unita-Pressefestes in Florenz bewiesen hat, daß wir gewiß nicht die feindliche Propaganda fürchten und uns niemals von kleinlichen Wahlmotiven leiten ließen. Jüngst fand in Livorno der Kongreß der Freundschaftsgesellschaft statt. Ich glaube, daß die allgemeine Auffassung besteht, daß es sich um einen Erfolg handelte und daß Euer Land in Italien neue Sympathien erwarb. Nun findet ein Ereignis statt, daß wir für bedauerlich halten. Man fragt uns öffentlich nach unserer Meinung, und wir sagen, daß wir es für einen Fehler halten. Der Terminus »List« ist von mir nicht verwendet worden. Das, was wir sagten, war stets mit dem

Ausdruck der Hoffnung verbunden, daß die Maßnahme revidiert werden könnte. Einige Sorge lösten auch die Polemik und die Restriktionsmaßnahmen gegen Professor Havemann aus.

Indem ich erneut unsere Absicht bekräftige, für die Freundschaft und Zusammenarbeit zwischen unseren beiden Ländern und unseren beiden Parteien zu wirken, muß ich noch einmal nicht nur an unsere prinzipielle Position, sondern auch daran erinnern, daß bestimmte Maßnahmen vielleicht – mehr als Ihr Euch vorstellen konntet – Eurer Friedens- und Entspannungspolitik einen nicht geringen Schaden zufügen. Mit herzlichem Gruß

Honecker hatte sich am 30. November 1976 in einem Brief an Berlinguer gewandt: »Zu meinem Erstaunen muß ich aus einer mir heute vorgelegten Meldung entnehmen, daß Du in einer Sendung des italienischen Fernsehens ernsthaft den Standpunkt vertreten hast, daß Herr Wolf Biermann ›mit einer List‹ aus einem Lande ausgebürgert wurde, das sich zu den sozialistischen Idealen bekennt. Davon kann selbstverständlich nicht die Rede sein. Die List lag ganz auf Herrn Biermanns Seite. Dem kleinen Kreis seiner in der DDR lebenden Freunde hatte er versprochen, im Ausland nicht gegen sein Gastland, die Deutsche Demokratische Republik, aufzutreten. Das geschah in solcher Form, daß es die beiden Fernsehanstalten der BRD für angebracht hielten, in einer speziellen Sendung ein Vier-Stunden-Programm für Bürger der DDR auszustrahlen. Ein wahrhaft prächtiger Kommunist, dem die Bourgeoisie vier Stunden im Fernsehen einräumt. (…) Man kann auch nicht davon sprechen, daß die DDR Biermanns Heimat war. 1953 kam er von Hamburg in die Deutsche Demokratische Republik, da ihm der Arbeiter-und-Bauern-Staat die Möglichkeit gab, hier zu studieren. Diese aus humanitären Gründen getroffene Geste der DDR hat er schmählich mißbraucht.« Havemann, 1910-1983. Professor für physikalische Chemie, 1932 KPD, 1943 Todesurteil durch den NS-Volksgerichtshof, 1945 Befreiung aus der Todeszelle durch die Rote Armee, 1945 bis 1950 Direktor der Kaiser-Wilhelm-Ges. in Berlin-Dahlem, Berufsverbot durch den West-Berliner Senat wegen Kampf gegen die Wasserstoffbombe, 1950 bis 1964 Lehre an der Humboldt-Universität, Parteiausschluß und Berufsverbot nach Kritik am »Marxismus-Leninismus«. 1965 erschien in der ZEIT seine in der DDR nicht veröffentlichte »Selbstkritik. Ja, ich hatte unrecht. Warum ich Stalinist war und Antistalinist wurde.« Havemann, Freund Biermanns, stand damals unter Hausarrest.

Emma Biermann, 27. Dezember 1976

Der kritische Blick einer Kommunistin

Am 5. Januar 1977 lag bei Erich Honecker eine Beschwerde
von Emma Biermann auf dem Tisch, die über den DKP-
Vorsitzenden Herbert Mies nach Ost-Berlin gelangt war.
Honecker wurde von dem zuständigen ZK-Sekretär gebeten,
»möglichst vor Beginn der Tagesordnung bzw. spätestens am
Ende der Sekretariatssitzung unsere Haltung zu präzisieren,
damit wir Genossen Mies noch heute informieren können.
(…) Falls die bürgerliche Presse dieses Schreiben veröffent-
licht, rechnen unsere Genossen der DKP mit Rückwirkungen
auf die Partei, insbesondere auf ältere Genossen. Irgendwie
wird sich die Partei dazu äußern. Unklar ist den Genossen, ob
und wie sie darauf reagieren sollen. Deshalb bittet Genosse
Mies dringend um Rat.«

Zu Weihnachten wollte ich meine Schwiegertochter und
meine Enkelkinder in der DDR, in Berlin, besuchen. Am
Grenzübergang Bahnhof Friedrichstraße gab ich, wie bei
allen früheren Besuchen, meinen Paß ab und die bereits
bewilligte Aufenthaltsgenehmigung für die Zeit von
Weihnachten bis Neujahr. Nach langer Wartezeit wurde
ich aufgerufen, und zwei Offiziere forderten mich auf,
mitzukommen. In einem Seitengang teilten Sie mir kurz
und kalt mit:»Sie dürfen die DDR nicht mehr betreten!«
Ich konnte das einfach nicht fassen und sagte zu dem
älteren von beiden: Das könnt ihr doch mit mir nicht machen! Ich bin eine alte Genossin! Ich war immer aktiv,
ich habe gegen die Nazis gekämpft, ich hab illegale Parteiarbeit gemacht, auch in der schweren Zeit des KPD-
Verbotes! Ich habe am Hamburger Aufstand als Kurier
teilgenommen. Und ich habe in der März-Aktion mit-
gekämpft! Warum läßt man mich nicht rein? Aber die
Offiziere gaben mir meinen Paß zurück und sagten: Wir

haben nur den Auftrag, Ihnen dies mitzuteilen! Ich wein-
te und fragte, ob ich nicht wenigstens mit einem Ta-
gespassierschein die Kinder einmal sehen darf und die
Weihnachtsgeschenke hinbringen. Da wiederholte der eine Offizier mit einer Betonung, als wollte er sagen: Nu
kapier doch endlich, du altes dummes Weib! »Frau Biermann, Sie dürfen die DDR nicht mehr betreten!« Ich
konnte nur noch weinen und weinen und stand da und
fragte: Und wann darf ich wieder rein? – Die Offiziere
zuckten nur mit den Achseln und ließen mich stehn.
Dann fuhr ich wie versteinert mit meinen Weihnachtsge-
schenken zurück nach Hamburg.

Mein Sohn lebt seit 1953 als Bürger in der DDR. Was
ihm jetzt geschehen ist, wurde inzwischen allgemein bekannt. Bekannt wurden auch die gegen ihn erhobenen
Vorwürfe, die ich nicht teile. Angeblich erfolgte die Ausbürgerung wegen des Kölner Auftritts. Ich war selbst dabei und habe die viereinhalb Stunden aufmerksam verfolgt und auch immer mit dem kritischen Blick einer
Kommunistin und nicht wie eine schlechte Mutter, die
immer von ihren Kindern begeistert ist. Ich würde meinem Sohn nicht beistehn, wenn er unserer Sache, für die
sein Vater in den Tod gegangen ist, schaden würde.

Alles, was Wolf in Köln vorgetragen hat, war den Genossen in der DDR bekannt und in Büchern und auf
Schallplatten das meiste veröffentlicht. Und für all das
hat die DDR außerdem jahrelang Westdevisen kassiert.
Alle konnten sehn und selber beurteilen, daß Wolf sich in
Köln und in allen anderen Städten, in denen er vor Tau-
senden Menschen seine Lieder sang, solidarisch mit der
DDR verhalten hat, trotz all der angebrachten Kritik. Ich
weiß auch, daß Wolf die Reise nur angetreten hat, weil
ihm versichert worden war, daß er selbstverständlich in
sein Vaterland zurückkehren darf. Die Ausbürgerung erfolgte auf eine so feige und hinterhältige Weise, daß ich

mich für meine Genossen, die das verbrochen haben, schämen muß. Niemals hat man sich mit Wolf öffentlich kritisch auseinandergesetzt, obwohl ich auch die Genossen vom »ND« schon vor Jahren in einem Brief darum gebeten hatte. Mein Brief wurde nicht veröffentlicht und nicht einmal beantwortet. Hetzartikel in unserer Parteizeitung ersetzen keine öffentliche Aussprache im sozialistischen Sinne. Warum schlägt man jetzt auch gegen mich? Was ich – Genossin seit 1919 – verbrochen haben könnte, ist mir nicht bekannt und wurde mir bei der Abweisung an der Grenze von den Offizieren, die sich Genossen nennen, auch nicht erklärt. Genossen, gibt es denn noch heute und ausgerechnet in der DDR, so etwas, was man früher Sippenhaft nannte? Von den führenden Genossen in der DDR erwarte ich, daß mir die Einreise wieder erlaubt wird. Ich habe ein moralisches Recht darauf, daß ich in den wenigen Jahren, die ich noch leben werde, meine Enkelkinder, meine Genossen und Freunde in der DDR besuchen kann.

Ich bitte um die Veröffentlichung meines Briefes in der »UZ«, damit meine Genossen in der DKP dazu Stellung nehmen können. Mit sozialistischem Gruß

Honeckers ungewöhnlich ausführliche handschriftliche Randbemerkung vom 5. Januar 1977 dazu: »Gen. H. Mies ist mitzuteilen, daß es eine entsprechende Anweisung an die Grenzorgane nicht gibt. Sollte eine Zurückweisung erfolgt sein, so geschah dies durch ein Versehen, einen Irrtum bzw. Verwechslung.« Herbert Mies hatte schon am 22. November 1976 Honecker zu den Folgen der Biermann-Ausbürgerung mitgeteilt, »der sehr aktivistische Teil der Partei steht! Und wir werden auch weiter stehen. Das ist klar.« Unsicherheit sei aufgetreten »bei einem erheblichen Teil wahrhaft linker Kräfte, engen Bündnispartnern (...).« »Wenn es auch nicht einfach ist, lieber Erich, wir werden damit fertig werden. Dabei sind uns die Stellungnahmen der DDR-Schriftsteller und Kulturschaffenden und der Arbeiter aus den Betrieben sehr willkommen. Alles Gute! Weiter so! Wir versuchen auch unser Bestes zu geben.«

ZENTRALKOMITEE
HAUSMITTEILUNG

An Gen.Honecker Generalsekretär	Mitglied des Politbüros Albert Norden	Diktatzeichen	Datum 5.1.77	Erledigung vermerk
Betr.				

Lieber Erich!

Soeben erhalte ich beiliegenden Brief, den die Mutter von
W.Biermann in Hamburg an unsere Parteizeitung "UZ" gerichtet
hat. Es ist natürlich aus Ton und Argumentation ersichtlich,
welche Hand die Feder von Emmi Biermann führte.

Die ebenfalls beiliegende halbseitige Information des
Genossen Mies erfordert eine ganz schnelle persönliche Antwort.

Ich bitte Dich, möglichst vor Beginn der Tagesordnung bzw.
spätestens am Ende der Sekretariatssitzung unsere Haltung
zu präzisieren, damit wir Genossen Mies noch heute informieren
können.

Mit sozialistischem Gruß

Albert Norden

Anlage

Herbert Häber, 17. November 1976
EINE MEINUNG BILDEN

Häber, geboren 1930, war zu dieser Zeit Leiter der Westab-
teilung des ZK der SED und auch für die Anleitung der DKP
nebst Bündnisorganisationen zuständig. Seit Ende der siebzi-
ger Jahre war Häber der Sonderbeauftragte Honeckers für
Gespräche mit führenden Politikern aller Bundestagsparteien.
Mischa, apparatinterner Kosename für Spionagechef Markus
Wolf, geboren 1923. Gerhard Stuby, geboren 1934, seit 1971
Professor für Öffentliches Recht und Politik in Bremen.

Werter Genosse Honecker! Soeben wurde mir durch Genossen Mischa Wolf, Stellvertreter des Ministers für
Staatssicherheit, beiliegende Information übermittelt mit
der Bitte um eine Entscheidung, ob ein Gespräch mit
Professor Stuby geführt werden soll. [Honeckers Randbemerkung: »ja«] Am 17. November 1976 um 12.10 Uhr
erreichte das IPW ein Anruf von Professor Dr. Stuby,
dem Vorsitzenden der Vereinigung Demokratischer Juri-
sten der BRD und der Aktion »Weg mit den Berufsver-
boten«, der folgendes zum Inhalt hatte:
— Heute vormittag fand sich ein Kreis von Persönlichkeiten zusammen, die in der demokratischen Bewegung
der BRD eine prominente Rolle spielen, u.a. Stuby, B. En-
gelmann, G. Wallraff, W. Abendroth, um sich eine Meinung zur Aberkennung der Staatsbürgerschaft der DDR
für Biermann zu bilden.
— Es wurde die Meinung geäußert, daß durch diesen
Beschluß der Regierung der DDR die gesamte demokratische Bewegung in der BRD, insbesondere der Kampf
gegen Berufsverbote in der BRD, in zusätzliche Schwierigkeiten geraten werde.
— Es ist vorgesehen, am 24. November mit einer schriftlichen Stellungnahme zu dieser Angelegenheit an die Öf-

fentlichkeit zu treten. Der allgemeine Tenor dieser Erklärung soll sein, die Regierung der DDR zu bitten, ihre
Entscheidung rückgängig zu machen.

– Um die Meinungsbildung für die endgültige Formulierung dieser Stellungnahme zu erleichtern, bittet Professor Stuby dringend darum, ihm und eventuell auch
Professor Abendroth die Möglichkeit für eine Besprechung dieser Angelegenheit mit kompetenten Personen
von Seiten der DDR zu geben. Professor Stuby würde dazu nach Berlin kommen.

Professor Stuby ersuchte, bis zum 18. November, 11.00
Uhr, eine Entscheidung für ein Zusammentreffen herbeizuführen. Mit sozialistischem Gruß

*Das IPW (Internationales Institut für Politik und Wirtschaft) eingerichtet vom ZK der SED 1971 war für die »marxistisch-leninistische Imperialismusforschung« zuständig und erarbeitete als wissenschaftlicher Braintrust für das Politbüro Analysen über die Krisen und den Niedergang des
westdeutschen Kapitalismus.*

*In der DDR war es nach der Ausbürgerung Biermanns am 16. November
1976 zu zahlreichen Protesten gekommen. Bekannt geworden sind seinerzeit vor allem die Reaktionen aus Schriftsteller- und Künstlerkreisen. Gegen die Ausbürgerung wandten sich u.a.: Sarah Kirsch, Volker Braun,
Christa Wolf, Ulrich Plenzdorf, Fritz Cremer, Stephan Hermlin, Jurek
Becker, Günter de Bruyn, Stefan Heym, Rolf Schneider, Hans-Joachim
Seyppel, Karl-Heinz Jakobs, Klaus Schlesinger, Klaus Pochem, Kurt
Bartsch, Adolf Endler, Dieter Schubert, Manfred Krug, Angelika Domroese, Hilmar Thate, Bettina Wegener und viele andere mehr. Auch an
Schulen und Hochschulen gab es erhebliche Probleme, die als »Vorkommnisse« von SED und FDJ genauestens registriert und disziplinarisch
verfolgt wurden. So registrierte die FDJ-Leitung der Ost-Berliner Humboldt-Universität 46 solcher »Vorkommnisse«, zumeist Unterschriftensammlungen für Biermann, aber auch die Verweigerung der Unterschrift
für die von der FDJ in Lehrveranstaltungen vorgelegte Zustimmungserklärung zur Ausbürgerung. Derartige Ergebenheitsadressen wurden auch
von Parteiorganisationen im Kulturbetrieb eingefordert und auch abgegeben.*

Friedrich Karl Kaul, 5. September 1977

KOLLEGIALE HILFE

Kaul, 1906-1981, ZK-Anwalt. 1932 KPD, 1933 Entlassung aus dem Justizdienst wegen jüdischer Herkunft, 1935 KZ, 1937 Emigration nach Südamerika, Internierung in Nicaragua und Texas. 1945 Rückkehr nach Deutschland, 1946 SED, 1956 Verteidiger im KPD-Verbots-Prozeß, Nebenkläger in zahlreichen Prozessen gegen NS-Verbrecher in der Bundesrepublik, Autor zahlreicher Kriminalromane und Fernsehspiele. Seinen folgenden nonfiktionalen Bericht erhielt Honecker am 5. September 1977 von Politbüromitglied Werner Lamberz. Der hatte am 16. Juni 1977 von Kaul »Beweismittel für die wahrhaft unmenschliche Behandlung, die Ulrike und ihre Freunde bei Festnahme, Verhören und auch in der Gerichtsverhandlung erlitten haben« erhalten. Diese Informationen stammten von dem Frankfurter Anwalt Karl-Heinz Weidenhammer. Dieser hatte auch darum gebeten, daß Kaul die Klageerhebung gegen die Behandlung der drei »Übriggebliebenen« vor dem Europäischen Gerichtshof unterstütze. Weidenhammer versprach, noch weitere Materialien zu übergeben, »insbesondere bezüglich der Folterung des Sonnenberg, der der Teilnahme an der Überführung des Bubak bezichtigt wird.« Lamberz erteilte nach Abstimmung mit Honeckers Rechtsanwalt Kaul die Genehmigung zur Abfassung der Klageschrift für Straßburg. In der Anlage des Vorgangs erhielt Honecker eine von Andreas Baader unterzeichnete Prozeßvollmacht für Kaul.

Unmittelbar nach meinem Eintreffen in Frankfurt/Main am 28. August 1977, 14.00 Uhr, fand das Zusammentreffen mit Rechtsanwalt Weidenhammer in einer Verkehrsgaststätte, die an diesem Sonntagnachmittag unbesucht war, statt. Zunächst sagte ich Rechtsanwalt Weidenhammer folgendes:

1) Alles, was zur Unterstützung der von ihm vertretenen Mandanten (Stammheim) erfolgt ist, geschieht ausschließlich als meine individuelle anwaltliche Hilfe ihm gegenüber als Kollegen.

2) Keine Institution der DDR, weder auf Partei- noch auf Staatsebene hat mit dieser individuellen Hilfe das geringste zu tun und wird auch in Zukunft damit nichts zu tun haben.

3) Daraus folgert, daß jeder Versuch einer Kontaktaufnahme seitens der in Stammheim Betroffenen oder ihrer Anwälte sich nur hemmend auf meine kollegiale Hilfsbereitschaft Rechtsanwalt Weidenhammer gegenüber auswirken kann und dementsprechend von ihm unter allen Umständen zu unterlassen ist.

4) Im Rahmen dieser meiner rein persönlichen kollegialen Hilfe für ihn als Anwalt der in Stammheim Betroffenen, habe ich die Beschwerde für Strasbourg erarbeitet, die ich ihm: a) in französisch – 1 Original und 2 Kopien; b) in deutsch – 2 Kopien, mit der Bemerkung übergab, er könne damit machen, was er wolle. Rechtsanwalt Weidenhammer nahm diesen meinen eindringlichen Vortrag mit Einverständniserklärung zur Kenntnis.

Bei der Durchsprache der 57 Seiten langen Beschwerde erklärte Rechtsanwalt Weidenhammer, daß die umfangreiche und fachlich gute Begründung der Beschwerde seine Erwartungen weit überträfe.

Er erklärte, daß für die Einreichung der Beschwerde Strasbourg Fristverlängerung bis 29. August 1977 gewährt hätte und daß er noch Montag früh die deutschen Texte in Stammheim vorlegen würde.

Bei der fachlichen Besprechung der Beschwerde wies ich darauf hin, daß der 1. Teil (Verletzung des Art. 3 der Konvention »unmenschliche Behandlung« in der Haft) von der Sache her leichtgewichtiger sein müsse als der 2. Teil, der den Nachweis der Verletzung des Art. 6 der

Konvention (rechtsstaatswidriges Verfahren) enthält. Denn abgesehen von Härten, die jede Haft mit sich bringt, könne die Behandlung der Gefangenen in Stammheim (Bücher, Schreibmaschine, Fernseher, Rundfunk, Tischtennis, gemeinsame Diskussion über den Tag) nicht als »unmenschliche Behandlung« im Sinne des Art. 3 der Konvention und damit als Vorwurf gegen die Strafverfolgungsbehörden der BRD angesehen werden. Anders sei es dagegen mit dem »rechtsstaatswidrigen Verfahren«. Hier bestände eine Möglichkeit, wirklich fachlich gerechtfertigt gegen die Justiz der BRD aufzutreten. Rechtsanwalt Weidenhammer nahm auch dies nicht widerstrebend zur Kenntnis. Ich erklärte ihm, daß insofern der 2. Teil auch für die Begründung der Revision gegen das Urteil geeignet sei.

Aus wissenschaftlichem Interesse, auch für unsere Archive, bat ich, mir die Verhandlungsprotokolle und die Anklageschrift (10 Leitzordner) des Stammheimverfahrens zur Verfügung zu stellen, was Weidenhammer sofort tat. Ich habe das Material in meinem Kraftwagen nach Hause gebracht. Es wird zur Zeit von der zuständigen Dienststelle Normannenstraße abgelichtet.

Bei meinem Eintreffen in Berlin fand ich folgende Aktennotiz betreffend einen am 30. August 1977 erfolgten Anruf des Rechtsanwalts Weidenhammer in meinem Anwaltsbüro: »Über das Gesuch für Strasbourg herrscht bei den Gefangenen von Stammheim einhellige Freude und Zustimmung. Prädikat: ›ausgezeichnet‹«.

Zollverwaltung der DDR, 22. November 1972

AUFSCHWUNG OST

Zu Beginn der Ära Honecker wurde die Einheit von Wirt-schafts- und Sozialpolitik verkündet. Die DDR-Bürger sollten nach den kargen Ulbricht-Jahren, als der Arbeiter-und-Bauern-Staat auf Weltniveau gebracht werden mußte, nun endlich in den Genuß der Früchte ihrer Arbeit gelangen. Diese machte man allerdings mit den sozialistischen Brüdern und Schwestern im Osten nicht teilen.

Tagesinformation zur Abfertigung des paß- und visafreien Reiseverkehrs zwischen der DDR und der Volksrepublik Polen am 21. November 1972:

1. Am Dienstag, dem 21. November 1972, von 00.00 Uhr bis 24.00 Uhr passierten in der Einreise 40.594 Bürger der Volksrepublik Polen, 2389 PKW und 336 KOM [Busse] und in der Ausreise 6889 DDR-Bürger, 1287 PKW und 70 KOM die Grenze der DDR. (…)

2. In 45 Fällen wurden bei ausreisenden polnischen Bürgern Einziehungen von Waren vorgenommen, die entweder weiterverkauft werden sollten oder für gewerbliche Zwecke erworben wurden. Wie am Montag waren es hauptsächlich Schuhwaren, die eingezogen wurden. Zum Beispiel wurden bei einer polnischen Bürgerin 16 Paar Damenschuhe und -stiefel eingezogen. Eine andere polnische Bürgerin hatte 9 Paar Damenstiefel und 5 Paar Herrenhalbschule bei sich.

In 6 Fällen erfolgte die Einziehung von größeren Mengen Lebensmitteln. Darunter 2x jeweils 15 kg Margarine, 1x 15,5 kg Erdnüsse und 1x bei einem polnischen Bürger 20 Stück Salamiwurst (14,7 kg). Bei einem einreisenden polnischen Bürger wurden 20 Einkaufsnetze sowie 20 Dosen Nivea-Creme eingezogen. Die Gegenstände sollten in der DDR verkauft werden.

Organisierte Übernahmen von Gegenständen, die westlicher Herkunft sind, wurden bei 3 polnischen Bürgern
festgestellt. Die Übernahme erfolgte in der Hauptstadt
von den Westberliner bzw. westdeutschen Verwandten
nach der brieflichen Vereinbarung des Treffs.

Bei der Beobachtung der Verkaufseinrichtungen wurden eine Reihe polnischer Bürger festgestellt, die vonein-
ander unabhängig bei den Verkäufern jeweils stückweise
die Waren aufkaufen und danach wartenden Personen
(z.B. am PKW, auf dem Bahnhof und auf der Straße) so-
lange übergeben, bis größere Mengen für jeden einzelnen
polnischen Bürger vorhanden sind. Danach trennen sich
die Bürger wieder.

3. Die Zusammenarbeit mit den Genossen der polnischen Zollverwaltung war kameradschaftlich und verlief
ohne Reibungen. (...)

4. Polnische Bürger und Bürger der DDR äußerten sich
weiterhin positiv zu den stärkeren Kontrollen. Unter anderem stellte sich eine polnische Bürgerin bei der Einziehung von 10 Paar Schuhen als Dolmetscherin zur Verfügung. Sie sagte, daß die Zollkontrollen richtig seien, da
die DDR-Schuhe auf dem Markt in Poznan einen Gewinn von 100 bis 150 Prozent erbringen würden.

Die Situation in den Verkaufseinrichtungen ist gegenüber den Vortagen unverändert. Einige polnische Bürger
forderten von Kassiererinnen des Konsument-Waren-
hauses Frankfurt (Oder), Übermengen von Waren (z.B.
10 Schürzen) abzurechnen, und beschwerten sich darüber, daß sie nur einen Teil der Gegenstände verkauft erhielten.

Anlage zur Tagesinformation vom 21. November 1972: Beispiele zur Einziehung von Handelswaren bzw. Waren zu gewerblichen Zwecken am 21. November 1972:
Grenzzollamt Wilhelm-Pieck-Stadt Guben – Bereich Bad Muskau, Alezjy P.: 20 Salamiwürste.
Grenzzollamt Frankfurt (Oder-Bahn), Josef K.: 12 kg Rosinen; 32 kg Kaugummi.
Grenzzollamt Görlitz-Bahn, Joana K.: 7 Kinderpullover; 7 Kinderpullis; 4 Kinderschlafanzüge; 7 Kinderschlüpfer; 6 Kinderschürzen; 6 Damennachthemden; 6 Damenkittelschürzen; 8 Damengarnituren; 7 Tischdecken.
Grenzzollamt Frankfurt (Oder)-Straße, Witold J.: illegal eingeführte Waren Westberliner Herkunft in 37 Positionen, unter anderem: 19 Damenpullover; 14 Damenstrumpfhosen; 10 Nylontücher; 19,10 m Stoff; 4 pornographische Kartenspiele.
Berlin, 22. November 1972

Am 23. November 1972 schrieb Honecker an Edward Gierek, Erster Sekretär der Polnischen Vereinigten Arbeiterpartei: »Lieber Genosse Edward! Ich wende mich an Dich mit diesem Brief aus Sorge, daß wenn nicht von beiden Seiten entschiedene Maßnahmen ergriffen werden, eine gute Sache in das Gegenteil verkehrt werden kann.« Honecker übermittelte Gierek die Tagesinformation des DDR-Zolls vom 22. November 1972. »Die organisierten Einkaufsreisen« in die DDR müßten unterbunden werden. »Solltest Du es für notwendig erachten, diese Maßnahmen auf einreisende Bürger der Deutschen Demokratischen Republik in die Volksrepublik Polen auszudehnen, so sind wir durchaus damit einverstanden.« Am 26. November 1972 schränkte Polen die Möglichkeiten zum Geldumtausch für Reisen in die DDR ein. Pro Person durften nur noch 200 DDR-Mark eingetauscht werden.

Berlin, den 8. Juli 1981

Genossen Erich H o n e c k e r

Lieber Genosse Honecker!

Entsprechend Deinem Auftrag habe ich mich nach dem
Verkaufsobjekt von Lindenbäumen nach Japan erkundigt
und von Genossen Heinz Adameck folgende Auskunft
erhalten:

Zwischen dem Leiter der Fernsehgesellschaft NTV,
Kobayashi, und Genossen Adameck besteht seit dem Besuch
von Kobayashi in der DDR und dem Abschluß eines Vertrages
zwischen beiden Fernsehanstalten guter Kontakt.
Kobayashi hat über unseren Botschafter in Tokio, Genossen
Horst Brie, den Wunsch an Genossen Adameck herangetragen,
500 Lindensetzlinge zu erwerben und dafür 500 japanische
Kirschbaumsetzlinge für die Hauptstadt der DDR zu liefern.
Diese Bitte rührt bei Kobayashi daher, daß er unter
anderem die Patenschaft über zahlreiche japanische Gärten
innehat. Genosse Brie hat empfohlen, auf die Bitte von
Kobayashi einzugehen. Bisher ist in dieser Richtung noch
nichts unternommen worden. Genosse Adameck hat lediglich
veranlaßt, den Kostenpunkt eines solchen Austausches zu
ermitteln, um dann die Angelegenheit an die dafür zuständigen
Organe heranzutragen.

Ich bitte um Dein Einverständnis, daß bei genereller Zustimmung durch Dich, die ganze Angelegenheit an die für
die Beziehungen mit Japan zuständigen Instanzen zur Ab-
wicklung übergeben wird.

Mit vielen Grüßen

J. Herrmann

Paul Verner, 21. September 1983

Rot-weisse Strümpfe aus West-Berlin

*Paul Verner, 1911-1986. Schlosser, seit 1929 Mitglied der
KPD, im spanischen Bürgerkrieg Leutnant der Internationalen Brigaden, Emigration nach Schweden, dort Inhaftierung
bis 1943. 1950 ZK der SED, 1963 bis 1984 Politbüro.*

Lieber Genosse Honecker! Als Anlage übermittele ich
Dir ein Schreiben des Genossen Sorgenicht, in dem der
Generalstaatsanwalt der DDR ein Ermittlungsverfahren
gegen Marta Rafael, Ehefrau des Genossen Karl-Eduard
von Schnitzler, einleiten soll, die – wie durch die Zeitungen bekannt – 1 Packung Kuhnert-Strümpfe in Westberlin ohne Bezahlung mitgehen ließ.

Ich bin mit dem Brief des Genossen Streit an den Generalstaatsanwalt beim Kammergericht in Berlin (West)
einverstanden, da er eine weitere Rückfrage ausschließen
dürfte. Eine andere Sache ist es, daß wir einen Genossen
aus dem Apparat des Genossen Streit beauftragen, mit
Karl-Eduard von Schnitzler bzw. seiner Frau ein Gespräch über ihr Vergehen zu führen. Ich bitte um Bestäti-
gung. Mit sozialistischem Gruß

*Sorgenicht hatte Verner am 16. September 1983 folgenden Sachverhalt
mitgeteilt: »Die Frau des [Chefkommentators des DDR-Fernsehens]
Karl-Eduard von Schnitzler, Marta Rafael (ungarische Staatsbürgerin),
wird beschuldigt, am 28. Juni 1983 im Kaufhaus Bilka in Westberlin eine
Packung Kuhnert-Strümpfe rot und weiß im Gesamtwert von 13,40 DM
entwendet zu haben. In der polizeilichen Vernehmung hat sie angegeben,
daß sie sich nicht erklären kann, wie sie dazu gekommen ist, die Strümpfe
ohne Bezahlung mitzunehmen. Der Generalstaatsanwalt der DDR, Genosse Streit, beabsichtigt, dem Ersuchen nicht zu entsprechen«. Frau von
Schnitzler, die als Schauspielerin arbeitete, erklärte gegenüber dem Chef
des DDR-Fernsehens, »daß sie nichts gestohlen habe und vermute, daß
hier eine bewußte Provokation gestartet wurde.« Sie habe dies auch damit
begründet, daß sie in West-Berlin durch »Leute vom Geheimdienst oder
Verfassungsschutz verhört« worden sei.*

Klaus Sorgenicht, 5. September 1978

EIN AUTOUNFALL

Dr. Sorgenicht, geboren 1923, kaufmännischer Angestellter,
in sowjetischer Kriegsgefangenschaft Mitarbeiter des Natio-
nalkomitees Freies Deutschland. 1945 KPD-Mitglied, von
1954 bis 1989 Leiter der Abteilung Staats- und Rechtsfragen
des SED-Zentralkomitees und damit zuständig für das »sta-
bile Regime der sozialistischen Gesetzlichkeit«. Sorgenicht
trat 1990 in den Ruhestand.

Werter Genosse Honecker! Der Präsident des Obersten
Gerichts der DDR, Kollege Toeplitz, hat mich unterrich-
tet, daß er am 2. September 1978, gegen 10.30 Uhr, in
Eberswalde einen Verkehrsunfall verursacht hat.

Kollege Toeplitz befuhr mit seinem PKW die Straße
der Jugend aus Richtung Trampe kommend in Richtung
Stadtmitte. An der Kreuzung Freienwalder Straße hielt
er am Stopschild vorschriftsmäßig an. Er beachtete auch
die Vorfahrt mehrerer Fahrzeuge. Als er wieder anfuhr,
stieß er auf der Hauptstraße mit einem Mopedfahrer mit
Soziusfahrerin zusammen. Die zwanzigjährige Soziusfahrerin aus Bad Freienwalde, beschäftigt im Konsum-
kreisverband Eberswalde, wurde schwer verletzt (offene
Kniescheibenfraktur). Sie befindet sich im Kreiskranken-
haus Eberswalde.

Die Angaben des Kollegen Toeplitz wurden durch die
Volkspolizei bestätigt. Die Unterlagen wurden an das
Ministerium des Innern herangezogen. Durch das Mini-
sterium des Innern ist nicht beabsichtigt, gegen Kollegen
Toeplitz strafrechtliche bzw. ordnungsstrafrechtliche
Maßnahmen zu treffen. Den Geschädigten ist der Verur-
sacher des Unfalls namentlich bisher nicht bekannt. Die
Schadensregulierung erfolgt durch unsere staatliche Ver-
sicherung. Ich bitte um Zustimmung.

Honecker zeichnete »einverstanden, EH, 6.9.78«. Toeplitz, geboren 1914, vom NS-Regime aus »rassischen« Gründen verfolgt, 1966 bis 1989 Stellvertretender Vorsitzender der Ost-CDU, von 1951 bis 1990 Mitglied der DDR-Volkskammer und dort im November 1989 Vorsitzender des »Zeitweiligen Ausschusses der Volkskammer zur Überprüfung von Fällen des Amtsmißbrauchs, der Korruption, der persönlichen Bereicherung u.a. Handlungen, bei denen der Verdacht von Gesetzesverletzungen besteht«.

Klaus Sorgenicht, 8. November 1973

TODESSTRAFE

Werter Genosse Honecker! Zu Deiner Information teilen wir Dir mit: Der Staatsanwalt des Bezirkes Magdeburg hat gegen den zwanzigjährigen Elektroschweißer Peter A. aus Magdeburg Anklage wegen dreifachen Mordes erhoben.

Bei einer gemeinsamen Feier in der Wohnung der zweiundzwanzigjährigen Ingrid R., an der mehrere Personen teilnahmen, bemerkte der Angeklagte, daß seine siebzehnjährige Freundin Ilona J. mit dem zwanzigjährigen Kraftfahrer Frank L. Zärtlichkeiten austauschte. Um sich Gewißheit über seinen Verdacht, daß zwischen diesen beiden ein intimes Verhältnis besteht, zu verschaffen, drang der Beschuldigte in der Nacht in diese Wohnung ein und traf den Frank L. dort an. Beim anschließenden Handgemenge stach A. wahllos auf L. ein und tötete ihn durch insgesamt 65 Stich- und Schnittverletzungen. Der hinzukommenden Ilona J. fügte er 79 Stich- und Schnittwunden bei. Um nicht verraten zu werden, tötete er auch die im Nebenzimmer liegende Ingrid R. durch zwölf Stiche.

A. befand sich wegen Erziehungsschwierigkeiten von 1963 bis 1967 in einem Spezialkinderheim. 1968 wurde er erneut in ein Heim eingewiesen. Wegen Diebstahls wurde er von dort einem Jugendwerkhof überwiesen. Aus diesem entwich er und beging danach mehrfach Diebstähle von sozialistischem und persönlichem Eigentum. 1969 wurde er deshalb zu Jugendhaus verurteilt und aus diesem im April 1971 entlassen. Im Oktober 1971 verletzte er bei einer Auseinandersetzung seinen Stiefvater lebensgefährlich durch einen Messerstich. Die dafür verhängte Strafe verbüßte er infolge der Amnestie nur teilweise. Im Februar 1973 beging er mit weiteren labilen Personen drei Einbruchsdiebstähle in Handelseinrichtungen. Nach medizinischem Gutachten ist A. voll zurechnungsfähig. Es ist beabsichtigt, die Todesstrafe zu beantragen. Wir bitten um Kenntnisnahme.

Honecker zeichnete am 9. November 1973 das Schreiben ab. Er wurde von Sorgenicht informiert, wenn die Absicht der Staatsanwaltschaft bestand, auf Todesstrafe zu plädieren. Er bestätigte, indem er die Schreiben mit seinem Kürzel »EH« und Datum versah. Als Vorsitzender des Staatsrates der DDR war Honecker zugleich die letzte Entscheidungsinstanz über Gnadengesuche der zum Tode verurteilten Delinquenten. Bis 1968 wurde die Todesstrafe in der DDR durch Enthaupten, danach durch Kopfschuß vollstreckt. 1987 wurde die Todesstrafe in der DDR als erstem sozialistischem Land abgeschafft. Insgesamt wurden über 170 Todesurteile vollstreckt, das letzte im Juni 1981.

Doris H. aus Sch., 25. September 1980

Tafeldecken zu Bettlaken

Werter Genosse Erich Honecker! Mein Name ist Doris H. Meine Familie umfaßt vier Kinder und meinen Mann, der in Schichten arbeitet. Von meinen vier Kindern sind drei Mädchen schulpflichtig. Sie sind 14; 13; 11 und 3 Jahre alt. In Kürze, das heißt in drei Wochen, erwarten wir unser fünftes Kind. Wir sind also eine kinderreiche Familie. Mein Mann und ich gehören beide unserer Arbeiterpartei, der Sozialistischen Einheitspartei Deutschlands, an.

Nun gibt es bei uns im Kreisgebiet Görlitz im Bereich Handel und Versorgung Vorkommnisse, die mich veranlassen, an Dich, Genosse Honecker, zu schreiben. Wir kommen uns vor, als wenn wir für die Kinder bestraft werden. Konkret geht es um billige Bettwäsche, besonders um Bettlaken und eine Koffernähmaschine mit acht Programmen. Wir können von Glück reden, daß wir ein Auto besitzen, und nicht auf den Bus angewiesen sind.

Die Lage bei uns ist nämlich so, daß wir schon zwei Kinder auf Tafeldecken schlafen legen müssen, damit sie überhaupt auf was Weißem liegen. Wegen der Bettlaken schicken uns die Görlitzer Geschäfte nach H.

H. weist uns mit der Begründung, wir seien nicht ihr Versorgungsgebiet, nach O. In O. zeigte ich meinen Ausweis für kinderreiche Familien vor, aber wir wurden wieder mit der Floskel abgespeist, daß es ja nichts gebe und daß wir uns gedulden müssen, obwohl jede Woche Lieferung ist. Der Zirkus geht nun schon ein halbes Jahr lang. Es wird noch soweit kommen, daß die Kinder auf den blanken Matratzen schlafen müssen. Das gleiche ist mit der Koffernähmaschine. Eine Schranknähmaschine können wir nicht gebrauchen, da wir keinen Platz in unserer 3 1/2-Zimmerwohnung haben.

In den drei großen Kaufhäusern in Görlitz ist nicht ein Geschäft, was Vorbestellungen für das Kreisgebiet entgegennimmt. Da kommt man ja zu dem Entschluß, daß, wer auf dem Dorf wohnt, überhaupt keine Ansprüche an das Leben stellen darf. Die Nähmaschine benötige ich dringend, da wir einfach finanziell nicht in der Lage sind, jede Woche neue Sachen für die Mädchen zu kaufen, denn die Preise bei der Kinderbekleidung sind zwar für den einzelnen in Ordnung, aber wir müssen ja immer dreimal soviel bezahlen.

Unser Versorgungsgebiet ist O., das haben wir nun durch Zufall erfahren. In O. sagte man uns, wir sollen eine formlose Postkarte schicken, dann würden wir vielleicht in ein paar Jahren eine Nähmaschine erhalten. Ja, ist das denn eine Art und Weise? Als ich den Ausweis für kinderreiche Familien wiederum vorlegte, erhielt ich nur ein bedauerndes Schulterzucken. Ich brauche aber kein Mitleid für mich und meine Familie, sondern Hilfe!

Und zwar brauche ich sie jetzt und nicht erst in ein paar Jahren, wenn die Kinder groß sind und aus dem Elternhaus sind!

Was wir schon an Benzingeld und ich an Busgeld wegen dieser Sachen verfahren haben, geht schon in die hunderte Mark. Ja, sind wir denn nun ein Arbeiterstaat oder ein Staat, in dem man sich mit den Verkäuferinnen gut stellen oder mit ihnen verwandt sein muß, um etwas, was ich dringend benötige, zu erhalten?

Ich hoffe, daß diese Eingabe die letzte ist, die ich schreiben muß und verbleibe mit sozialistischem Gruß

Werner Jarowinsky, 8. Dezember 1986

Anoraks von der KoKo

Jarowinsky, 1927-1990, Industriekaufmann, seit 1963 ZK-Sekretär, zuständig für Handel und Versorgung, Politbüromitglied. 1987 erschien sein Buch »Alles für das Wohl des Volkes«. Dieser Maxime war auch Alexander Schalck(-Golodkowski), geboren 1932, gelernter Konditor, verpflichtet. Als Leiter des Bereichs Kommerzielle Koordinierung (KoKo) sorgte er seit 1966 für die Beschaffung von Geld und Waren aus dem NSW (nicht sozialistischem Währungsgebiet). Gerhard Briksa, geboren 1924, Arbeiter, war von 1972 bis 1989 Minister für Handel und Versorgung.

Lieber Erich! Zurückkommend auf Deine Bemerkung zur Versorgung mit Anoraks habe ich veranlaßt, den aktuellen Stand zu überprüfen und Genossen Briksa beauftragt, weitere Entscheidungen vorzubereiten. Trotz außerordentlich großer Zulieferungen, die weit über den Spitzenergebnissen früherer Jahre liegen, ist es noch nicht gelungen, ein durchgängiges Angebot in Geschäften zu erreichen. Die Auslieferung wurde weiter beschleunigt, sie wird täglich kontrolliert. Die Wareneingänge werden – wie festgelegt – auf Berlin und wichtige Arbeiterzentren konzentriert. Bereits in der Politbürovorlage zum Versorgungsplan wurde im Juni darauf hingewiesen, daß bei Anoraks der hohen Nachfrage zwar besser entsprochen wird, aber noch kein durchgängiges Angebot im Handel gesichert werden kann.

In diesem Jahr erreichen wir bei Anoraks die bisher größte Steigerungsrate in der Versorgung. Die Lieferverpflichtungen der Industrie und des Außenhandels gegenüber dem Handel sind bis Ende November vollständig erfüllt. Es bestehen keine Rückstände. Während im Vorjahr verbunden mit den bekannten Zusatzentschei-

dungen insgesamt 2,4 Millionen Anoraks verkauft wurden, werden es in diesem Jahr 3,5 Millionen sein. Die Bereitstellung von Kinderanoraks erhöht sich von 1,4 auf
2,1 Millionen. Noch nie war der Anteil der aus dem NSW
importierten Anoraks so groß wie in diesem Jahr. So werden aus dem NSW 58 Prozent der Anoraks für Kinder
und 96 Prozent der Erwachsenenanoraks importiert.
Planmäßig werden im Dezember noch 131.000 Kinderanoraks und 113.000 Anoraks für Erwachsene ins Angebot kommen.

Aufgrund Deiner Hinweise werden jetzt außerdem
noch zusätzlich zum Plan mit Hilfe von Genossen
Schalck weitere 100.000 Kinderanoraks vor allem in Berlin ins Angebot gebracht. Diese Lieferungen erfolgen bis
Ende nächster Woche per Luftfracht. Auch für diese Waren ist der Schnellumschlag und die Direktbelieferung
der Verkaufsstellen organisiert.

Eine wesentliche Entspannung der gegenwärtigen Situation kann damit noch nicht erreicht werden.

Kollektiv der Intertankstelle Löbau, 30. Juni 1986

Die Acht von der Tankstelle

Werter Genosse Staatsratsvorsitzender! Wir, das gesamte
Kollektiv der Intertankstelle Löbau, sehen uns veranlaßt,
mit einer Eingabe an Sie heranzutreten. Das Kollektiv
der Tankstelle ist mit den seit Jahren herrschenden Ar-
beits- und Lebensbedingungen nicht mehr einverstanden
und hat dies bei Aussprachen und Eingaben an das Kom-
binat Minol mehrmals zur Rede gestellt. Vom VEB Minol
Berlin und vom Kombinatsbetrieb Dresden wurden uns
mehrmals Zusagen zur Verbesserung der Arbeits- und
Lebensbedingungen auf unserer Tankstelle zugestanden.

Leider blieb es bei diesen Zusagen. Trotz einer schriftlichen Eingabe an den Kombinatsdirektor Dresden, Kollegen Namiß, hat sich nichts am Zustand unserer Tankstelle geändert. Weder die Reparatur des Daches noch die Bereitstellung eines Umkleideraumes für das Personal wurde bisher realisiert. Nur Umkleideschränke stellte man uns zur Verfügung, die aber aufgrund der begrenzten Räumlichkeiten nicht aufgestellt werden können. Nun fragen wir uns als Kollektiv, ob wir unsere Arbeitskleidung und wo wir sie wechseln sollen. Unsere Tankstelle ist stark frequentiert, da wir kurz vor den Grenzübergangsstellen zur CSSR und VR Polen liegen. Da wir als Intertankstelle Kategorie I geführt werden, sind wir nicht einverstanden mit dem baulichen und technischen Zustand unserer Arbeitsstelle. Dies beginnt bereits bei der Ausstattung der DK-Säulen. Wir haben einen sehr hohen Kundenstrom, der aus der VR Ungarn (Hungariacamion) kommt, welche bei uns tanken. Unsere DK-Säulen sind in einem sehr schlechten Zustand (zu alt, keine Leistung), so gibt es immer wieder Ärger mit den Kunden.

Als vor drei Jahren die Zuleitung von den Erdtanks zu den Tanksäulen erneuert werden mußte, wurde vom Kollektiv der Vorschlag unterbreitet, eine Zuleitung für eine Hochleistungssäule einzubauen, aber wir bekamen die Antwort, daß dies alles zur Rekonstruktion gemacht würde. Leider ist bis zum heutigen Tag von einer geplanten Rekonstruktion nichts zu hören. Alles o.g. trifft auch für die gesamte VK-Strecke zu. Seit Jahren ist auch das Dach undicht, welches die VK-Strecke überspannt. So sind Kunden bei Regen total durchnäßt, ganz zu schweigen von unseren Tankwarten.

Das technische Niveau unserer Tankstelle entspricht nicht dem Niveau einer Intertankstelle. Wir verfügen über eine unzureichende Anzahl von Tanksäulen, besitzen nur eine VX-Extra-Säule und zwei VK-Normal-Säulen. Ist die VK-Extrasäule einmal kaputt, sind wir als Tankstelle nicht in der Lage, die Kunden mit VK-Extra zu versorgen. Wir sind die einzige Tankstelle im ostsächsischen Raum, welche Tag und Nacht geöffnet hat. Ein weiterer technischer Mangel ist der schlechte Zustand der Erdbehälter, einschließlich der Stützmauern der Domschächte.

Im Oktober 1985 erhielten wir die Auflage, Pannendiensthilfe durchzuführen. Das Kollektiv erklärte sich dazu bereit. Aber von Seiten des Kombinatsbetriebes Dresden wurden keine Möglichkeiten geschaffen, diese durchzuführen, da weder Arbeits- noch Raummöglichkeiten geschaffen wurden, so daß unsere elektrische Hebebühne schon seit einem dreiviertel Jahr in der freien Natur steht und vor sich hin rostet. Wie kann man so mit Grundmitteln umgehen. Wir als Kollektiv wissen, daß diese Tankstelle nicht projektiert war für einen hohen Kundenstrom. Trotzdem waren wir bereit, über einen längeren Zeitraum unter diesen widrigen Bedingungen zu arbeiten. Wir sehen aber nicht mehr ein, uns von Kunden des In- und Auslandes fragen zu lassen, ob das das Niveau einer Intertankstelle der DDR ist. Uns fehlt, was zwar nichts mit den Arbeitsbedingungen zu tun hat, aber für die Kunden wichtig wäre, eine Toilette für die Kundschaft, noch dazu, wo 100 Meter von unserer Tankstelle ein internationaler Transitparkplatz ist.

Mit kollegialem Gruß, das Kollektiv der Intertankstelle Löbau [acht Namen]

Mit Schreiben vom 31. Juli 1986 wurde dem Kollektiv von der Kombinatsleitung Dresden mitgeteilt, daß das Kollektiv 1. einen Bungalow für Aufenthalts- und Umkleidezwecke erhalten soll; 2. das undichte Dach erst durch einen Neubau beseitigt werden könne; 3. 1988 eine Verbesserung der technischen Ausstattung der Tankstelle erfolgen soll; 4. die Zapfsäulen durch verbesserte Wartungsarbeiten des Kollektivs in Gang gehalten werden müssen.

Burkhard H. aus G. in Thüringen, Sommer 1987

Urlaubsgrüsse

Lieber Genosse Erich Honecker. Wir möchten Ihnen viele Urlaubsgrüße aus dem Urlauberdorf »Klink« am Müritz-See senden. Wir sind eine glückliche kinderreiche Familie und genießen die Vorzüge unseres Staates gegenüber seiner Bevölkerung und besonders die Vergünstigungen für kinderreiche Familien. In diesem Zusammenhang möchten wir unserer Regierung herzlichst Dank sagen. Wir wünschen Ihnen weiterhin persönliches Wohlergehen und bei Ihrer Initiative für die Erhaltung des Friedens und der allseitigen Abrüstung viel Erfolg.

Hanna B. aus H., 26. Juli 1987

Eine Karosse für den Trabi

Werter Genosse Erich Honecker! Ich habe da ein Problem, bei dem ich Sie bitten möchte, mir zu helfen. Es geht um einen langwierigen Antrag für die Karosse unseres Trabant Kombi. Wir haben seit Anfang Juli 1986 bei der VEB Kraftfahrzeug-Instandhaltung Gera einen Antrag für eine neue Karosse für unseren Trabant-Kombi laufen. 1. weil der Trabi schon Baujahr 1970 ist, und zur Verschrottung kommen soll. Er ist schon oftmals zur Reparatur gewesen; 2. weil wir aber kein neues Auto, bzw. keine Anmeldung haben, einfach aus dem Grund, weil wir 1969 bis 1970 ein Haus gebaut haben und dort unser Geld investiert haben. Nun haben wir 1983 bis 1985 nochmal umgebaut, um für unsere Tochter eine Wohnung zu schaffen. Auch für diesen Zweck haben wir unser Auto oft gebraucht. Nun wohnen wir auf dem Dorf und haben nur zwei mal in der Woche Linienbusverbindung, und täglich früh und abends den Arbeiterbus. Seitens des Kraftverkehr Schleiz, Außenstelle Lobenstein, wurden uns schon vor vielen Jahren Versprechungen gemacht, täglich eine Buslinie nach W. und L. zu ermöglichen, aber leider. Wenn man gezwungen ist, in W. oder L. Arztbesuche zu machen, oder wie ich für mein arthrosekrankes Knie Behandlungen nehmen muß, weiß man nicht, wie ohne Auto hin- und zurückzukommen ist. Nun hat man mir von der VEB Kraftfahrzeug-Instandhaltung Gera telefonisch gesagt, daß die Wartezeit bis vier Jahre dauern wird. Bevorzugt auf der Warteliste werden z.b. Gehbehinderte oder Werktätige, die den PKW dringend zur Arbeit benötigen. Wie schon erwähnt, ist unsere Busverbindung sehr schlecht, z.b. fährt Sonnabend und Sonntag kein Bus zum vier Kilometer entfernten W., und die Tochter muß einmal im Monat Wochenenddienst in einer 16 Kilometer entfernten Gärtnerei leisten. Es ist die Arbeitsstelle. Auch da ist der PKW unersetzlich, da der Betrieb die Werktätigen nicht holt und zurückfährt. Nun möchte ich Sie herzlich bitten, doch einen Weg zu finden, um unsere Karosserie früher zu bekommen. Denn so lange hält unser Auto nicht mehr durch. Mit dankendem Gruß

Dr. Diederich, Stellvertreter des Vorsitzenden für Verkehrswesen und Nachrichtenwesen beim Rat des Bezirks Gera erhielt die Eingabe zur Beantwortung. Er antwortete Frau B. u.a., die Wartezeit für Trabant-Karosserien betrage gegenwärtig drei Jahre. »Eine vorzeitige Einordnung durch mich ist nicht möglich. Ich bedauere Ihnen keine andere Auskunft geben zu können. Mit sozialistischem Gruß«

Gerda E. aus Dresden, 12. September 1980

OHNE FERNSEHEN LAUFEND PROBLEME

Voller Verärgerung wende ich mich heute an Sie. Ich bin alleinstehend mit fünfzehnjährigem Sohn, lebe in geordneten Verhältnissen.

Seit mehreren Wochen laufe ich vergebens täglich von Geschäft zu Geschäft, um mir einen neuen Fernsehapparat zu kaufen (der alte ist nicht mehr zu reparieren – veraltet), leider immer wieder vergebens, da ich finanziell nicht in der Lage bin, diesen sofort in bar zu bezahlen und der einzige auf Teilzahlung erhältliche Apparat »Gaduga« zur Zeit nicht vorhanden ist und in nächster Zeit nicht in Aussicht steht.

Ich weiß, daß ein Fernsehapparat nicht unbedingt lebenswichtig ist, aber da ich nicht gut zu Fuß bin und selten ausgehe, für mich doch. Außerdem benötige ich ihn zur Ausübung meiner Funktion (bin seit acht Jahren Mitglied der SED und seitdem immer in Funktionen tätig – Gruppenorganisator, APO-Leitungsmitglied und seit mehreren Jahren stellvertretender APO-Sekretär).

Ich vertrete jederzeit die Linie unserer Partei- und Staatsführung, sehe aber nicht ein, daß nur unsere Jugend sowie Kinderreiche die Vergünstigungen von Kredit erhalten sollen. Gerade für uns Alleinstehende mit Kind ist es schwer, große Anschaffungen zu machen. Vor allem verstehe ich eins nicht, vor Jahren hat es diese Dinge alle schon einmal gegeben, aber heute muß man Angst haben, wenn einem ein Großgerät oder Möbelstück für immer ausfällt, daß man dann nichts mehr bekommt.

Das ist nur eins meiner Probleme, ich könnte unzählige aufzählen. Aber so wie mir geht es sehr vielen Genossen und Kollegen, man geht von Geschäft zu Geschäft und bekommt nichts, mitunter die primitivsten Dinge wie Kindersachen, Ersatzteile usw.

Und nun frage ich Sie, wie soll ich, der selbst schon fast verzweifelt, dann in der Agitation zur Gewinnung von jungen Kollegen als Kandidat immer die richtige Antwort auf all diese Fragen geben und wie soll ich meinen Sohn richtig erziehen, der laufend mit diesen Problemen konfrontiert wird?

Ich bin der Meinung, man kann nicht immer alles mit der Linie unserer Partei erklären, obwohl ich einsehe, daß Solidarität sein muß, daß die außenwirtschaftlichen Beziehungen wichtig sind, Rüstungsausgaben und dergleichen mehr.

Das Argument, man muß reich geboren sein oder Beziehungen haben oder Westverwandtschaft besitzen, welches am häufigsten gebracht wird, trifft auf mich nicht zu, denn ich habe »weder-noch«. In der Hoffnung, daß Sie mir einen Weg aufzeigen können, der mir bei meinem Problem hilft, verbleibt mit sozialistischem Gruß

Rudolf S. aus Hermsdorf, 31. Dezember 1985

KEIN ANSCHLUSS

Verehrter Genosse Vorsitzender des Staatsrates! Gestatten Sie bitte, daß ich mich in folgender Angelegenheit an Sie wende und Sie um Unterstützung ersuche. Im April 1975 habe ich beim zuständigen Post- und Fernmeldeamt Jena die Einrichtung eines Fernsprechhauptanschlusses beantragt. Dieser Antrag wurde ohne eine genaue Begründung abgelehnt. Wie aus den beigefügten Anlagen ersichtlich ist, wurde der Antrag zur Einrichtung eines Fernsprechhauptanschlusses mehrfach wiederholt, aber ständig mit der Begründung der nicht vorhandenen Anschlußleitung abgelehnt. In den vergangenen Jahren sind aber bei Bürgern in meiner unmittelbaren Nachbarschaft mehrere Fernsprechhauptanschlüsse eingerichtet worden, demzufolge müssen doch technische Voraussetzungen vorhanden sein. (…) Aufgrund der widersprüchlichen Erfahrungen, die ich nach fast elfjährigem vergeblichen Bemühen um die Einrichtung eines Fernsprechhauptanschlusses gemacht habe, stehe ich den Begründungen des Post- und Fernmeldeamtes sehr skeptisch gegenüber.

Ich bin der Auffassung, daß ein Telefon im Zeitalter des wissenschaftlich-technischen Fortschritts zum Standard eines modern eingerichteten Haushaltes gehört. Es ist deshalb betrüblich, daß das Post- und Fernmeldeamt Jena nunmehr ein Jahrzehnt lang wegen fehlender technischer Voraussetzungen die Einrichtung eines Fernsprechhauptanschlusses ablehnt und so wenig Initiative bei der Befriedigung der Bedürfnisse der Bevölkerung erkennen läßt.

Werter Genosse Vorsitzender, mit dieser Eingabe bitte ich Sie deshalb, mich bei der Einrichtung eines Fernsprechhauptanschlusses zu unterstützen und bedanke mich für Ihre Bemühungen. Mit sozialistischem Gruß

Am 30. Juni 1987 wandte sich S. wieder an Honecker. Nach seiner Eingabe vom Dezember 1985 sei am 11. Februar 1986 vom Post- und Fernmeldeamt mit ihm ein Gespräch geführt worden. Es wurde die Realisierung eines von S's Betrieb gestellten Antrages versprochen und schriftlich bestätigt. Am 26. Juni 1987 sei ihm auf telefonische Nachfrage mitgeteilt worden, daß der Anschluß in absehbarer Zeit nicht vorgenommen werden könne. Die Nachfrage der Eingabenstelle beim Staatsrat ergab, daß noch im Jahre 1987 die Einrichtung des Telefonanschlusses erfolgen solle. Auch Honecker hatte Anschlußprobleme.

Mitschnitte von Telefongesprächen

HALLO HIER HONECKER I

Telefongespräch am 19. Februar 1980 um 22.30 Uhr:

Sch.: Hallo, hier ist Schmidt.

H.: Guten Abend, Herr Schmidt, hier ist Honecker.

Sch.: Ich freue mich, daß ich Sie noch erwische. Ich dachte Sie würden möglicherweise morgen früh auf Reisen gehen.

H.: Nein, Nein. Morgen früh bin ich in Berlin. Ich habe also vorhin gehört, daß Sie den Wunsch haben ….

Sch.: Es ist schlecht zu verstehen, können Sie mal an Ihrem Mikrofon wackeln.

H.: Ich meine, es paßt ausgezeichnet jetzt.

Sch.: Bitte?

H.: Ich meine, es paßt ausgezeichnet jetzt.

Sch.: Es paßt sehr gut. Ich sage, ich kann Sie schlecht verstehen. Können Sie mal an Ihrem Mikrofon wackeln.

H.: Mal sehen. Geht es jetzt?

Sch.: Etwas besser. Darf ich mal loslegen?

H.: Ja, bitte. (…) Herr Schmidt?

Sch.: Ja.

H.: Zuerst möchte ich Ihnen mal vergewissern, daß selbstverständlich zu keiner Zeit es mir unangenehm war, wenn Sie hier anriefen. Sollten Sie irgendwann mal diesen Eindruck bekommen haben, so ist das nicht zutreffend.

Sch.: Nein, der Eindruck ist nicht entstanden.

H.: Bloß, damit Sie es verstehen. Also, zu keinem Augenblick war mir das unangenehm.

Sch.: Nein, Herr Honecker, der Eindruck ist nicht entstanden, ich hatte nur mal gesagt, ich bin immer derjenige, der anruft, Sie könnten auch mal anrufen.

H.: Ja, Ja, natürlich. Beim letzten Mal wollte ich ja anrufen, da kamen Sie mir zuvor (…).

Telefongespräch am 18. April 1983 um 13.02 Uhr:

H.: Hallo?

K.: Ja, hier spricht Kohl.

H.: Ja.

K.: Guten Tag, Herr Generalsekretär.

H.: Augenblick mal. Hallo? Wer ist da?

K.: Hier ist Kohl.

H.: Guten Tag, Herr Kohl. Hier ist Honecker.

K.: Guten Tag, Herr Honecker.

H.: Ich höre hier etwas schwach.

K.: Es war leitungsmäßig ein Problem, durchzukommen. Herr Generalsekretär, ich rufe Sie an, weil hier eine sehr ungute Lage entstanden ist. Aber ich nicht will, daß aus dieser Lage insgesamt negative Perspektiven entstehen.

H.: Was meinen Sie damit? Hallo? Ich höre so schwer.

K.: Hallo? Jetzt ist es gut. Ja?

H.: Ja, jetzt gehts.

K.: Ich spreche etwas lauter. Ja?

H.: Ja.

K.: Wenn ich aber dann zu laut spreche, müssen Sie es sagen.

H.: Es ist nicht zu laut.

Honecker ließ Telefongespräche, die er für wichtig hielt, mitschneiden. Das betraf z.B. seine Telekommunikation mit den Bundeskanzlern, aber auch mit den Generalsekretären in Moskau. In seinen Unterlagen bewahrte er die Abschriften im vollen Wortlaut auf. Das Politbüro erhielt diese nicht, sondern nur eine von Honeckers Staatssekretär gefertigte Zusammenfassung der Gespräche.

VEB Thüringer Fleischkombinat Gera, 7. August 1981

In der Schlachtung 105, 0 Prozent

Werter Genosse Honecker! Die Werktätigen des Schlacht-betriebes Greiz haben heute Rechenschaft über die Er-gebnisse und Erfahrungen ihrer Arbeit für das Erste Halbjahr 1981 abgelegt und die Aufgaben bis Ende des Jahres 1981 abgesteckt.

Heute können wir Dir mitteilen, daß wir angestrengt daran gearbeitet haben, unsere eingegangenen Verpflich-tungen in Auswertung des X. Parteitages zu realisieren und folgende Ergebnisse erreichten. Das Schlachtvieh-aufkommen wurde durch die sozialistischen Landwirt-schaftsbetriebe mit 104,9 Prozent = + 370 Tonnen erfüllt.

In der Schlachtung erreichten wir 105,0 Prozent und somit eine Übererfüllung von 257 Tonnen. Damit haben wir einen Vorlauf von fünf Tagesproduktionen, ohne zu-sätzliche Kosten in Anspruch zu nehmen, erreicht. Unser Betriebsergebnis erfüllten wir mit 136,5 Prozent. Der Warenfonds für die Bevölkerung wurde mit 104,7 Pro-zent ausgeschöpft und somit eine stabile Versorgung un-serer Bevölkerung mit Frischfleisch, Fleisch- und Wurst-waren in hoher Qualität abgesichert.

Diese hohen Leistungen in der materiellen Produktion wurden damit bestätigt, daß die Kollektive Schweine-schlachtung und Darmabteilung unseres Kombinates den Ersten Platz belegten. Zielstrebig arbeiten wir an der Verwirklichung des Planes Wissenschaft und Technik, insbesondere an der Maßnahme Rekonstruktion/Zerle-gung und Absatz, die bis zum 31. Dezember 1981 abge-schlossen wird.

Hohe Anforderungen stellt uns das Zweite Halbjahr 1981. Als die wichtigste Aufgabe sehen wir weiterhin, die stabile Versorgung der Bevölkerung mit hochwertigen Nahrungsgütern zu gewährleisten und mit der Überbietung des Planes 1981 gute Voraussetzungen für den Planablauf 1982 zu schaffen.

– Wir stellen uns das Ziel, bis Jahresende mindestens acht zusätzliche Tagesproduktionen zu erarbeiten, um die Verpflichtungen gegenüber unseren Kooperationspartnern zu erfüllen.

– Durch eine ständige Parteikontrolle und -abrechnung die Zerlegung und Absatzabteilung am 1. Januar 1982 wirksam werden zu lassen. Damit erhöhen wir die Kapazität um 500 Tonnen.

– Die Rekonstruktionsmaßnahme Schweineschlachtung im Oktober/November 1981 durchzuführen, um die Arbeits- und Lebensbedingungen der Werktätigen weiter zu verbessern, sowie die Effektivität und den Mechanisierungsgrad zu erhöhen.

– Zur Senkung der Tierverluste ringen wir um Unterbietung unserer Verpflichtungen, 5,3 Verendungen je 10.000 transportierter Tiere zu unterschreiten.

– Zielstrebig arbeiten wir an der weiteren Verbesserung der Qualität.

Unseren Kampf richten wir darauf, die geplanten Qualitätskoeffizienten einzuhalten und zu überbieten. Die Werktätigen unseres Schlachtbetriebes werden auch weiterhin unter Führung der Betriebsparteiorganisation alles tun, um den höheren Anforderungen der achtziger Jahre gerecht zu werden und unseren Beitrag zur Verwirklichung der Beschlüsse des X. Parteitages der SED, zur Durchsetzung unserer bewährten Innen- und Außenpolitik und damit Sicherung und Erhaltung des Friedens, zu leisten.

[Es folgen die Unterschriften des Parteisekretärs, des Betriebsdirektors sowie des BGL-Vorsitzenden.]

Frauen des Kombinats Fortschritt, 14. August 1985

Unzureichende Fleischversorgung

Werter Genosse Generalsekretär des ZK der SED und Vorsitzender des Staatsrates der DDR! Wir wenden uns heute mit einem speziellen Anliegen an Sie, weil die zuständigen örtlichen Organe das Problem nicht lösen.

In mehreren Aussprachen der Frauenkommission unseres Betriebes mit dem Stellvertreter des Vorsitzenden des Rates des Kreises Bischofswerda für Handel und Versorgung haben wir uns über die unzureichende Fleischversorgung in Neukirch beschwert, die zu einem ständigen Ärgernis geworden ist.

In den letzten 25 Jahren sind in Neukirch die Fleischereien bzw. Fleischverkaufsstellen von ehemals acht auf jetzt drei zurückgegangen. Von den drei jetzt noch bestehenden Verkaufsstellen hat eine einen Verkaufsraum von nur circa zwölf Quadratmeter. Die Gemeinde Neukirch hat eine territoriale Ausdehnung längenmäßig von circa fünf Kilometer und circa 8000 Einwohner. Im Ort sind die Industriebetriebe Fortschritt-Werke, Lederfabrik, Zwiebackfabrik und Oberlausitzer Textilbetriebe ansässig, in denen Kolleginnen aus den umliegenden Orten arbeiten und zum Teil ihre Einkäufe in Neukirch miterledigen müssen.

Unsere Kolleginnen sind überwiegend ganztägig beschäftigt und gezwungen, nach Arbeitsschluß ihre Einkäufe zu tätigen. Die geringe Kapazität an Fleischverkaufsstellen erzeugt unzumutbare Wartezeiten und ein unbefriedigendes Angebot an Fleisch- und Wurstwaren. Diese Situation wirkt sich negativ auf die Arbeitseinstellung und die politisch-ideologische Einstellung der Bürger zu unserem Staat aus. Als Frauenkommission wenden wir uns mit der Bitte an Sie, Maßnahmen festzulegen, die diese Mißstände endlich beseitigen. Mit sozialistischem Gruß

Am 28. August 1985 antwortet Honecker: »Werte Genossin R. Dein Schreiben mit dem Anliegen auf dem Gebiet des Handels habe ich erhalten. Die zuständige Stelle des Zentralkomitees wurde beauftragt, die Angelegenheit zu prüfen und für Abhilfe zu sorgen. Man wird mich über die Ergebnisse informieren. Mit sozialistischem Gruß, E. Honecker.«
Im August 1985 erfolgte ein Überprüfung der Eingabe durch ZK-Mitarbeiter. Es wurde festgestellt: »Die geübte Kritik an der unbefriedigenden Fleischversorgung in Neukirch besteht zu Recht. (…) Am Tage der Überprüfung hatten zwei Verkaufsstellen geöffnet, die dritte im Ort noch vorhandene hatte wegen Urlaub geschlossen. Daraus ergibt sich für die Werktätigen mehrerer Betriebe ein Anmarschweg zur nächsten Verkaufsstelle von rund 3 km, da unmittelbar an den Standorten der Betriebe keine derartigen Verkaufseinrichtungen vorhanden sind. Das Verkaufspersonal in den geöffneten Verkaufsstellen war physisch weit überfordert, zumal zwei Drittel der Fleischmenge als Grobsortiment vom Schlachtkombinat Bautzen geliefert werden und vor dem Verkauf zerlegt werden muß.«

Werner Jarowinsky, 20. Februar 1986

Die Potemkinsche Hauptstadt

Schabowski, geboren 1929, Journalist, Politbüromitglied und 1. Sekretär der SED-Bezirksleitung Berlin bis 1989. Grüneberg, 1921-1981, Maurer, Politbüro-Mitglied und 1960 bis 1981 ZK-Sekretär für Landwirtschaft.

Lieber Erich! Dir lagen Erfurter Vorschläge vor, in der Hauptstadt einige attraktive Industrieläden einzurichten und sie direkt und vollständig mit Waren Erfurter Kombinate zu beliefern (Ruhla-Uhren, Schuhe von Paul Schäfer, Erfurter Frischgemüse, Erfurter Blumen und u.a.).

Gemeinsam mit Genossen Günter Schabowski haben wir diese Vorschläge aufgegriffen und Festlegungen getroffen, um die Initiative voll zu nutzen. Das kann zweifellos eine gute Sache werden. In diesem Zusammenhang möchte ich Dich informieren, daß umfassendere Maß-

nahmen zur generellen Veränderung und Verbesserung
des Handelsnetzes der Hauptstadt, der direkten Beliefe-
rung, des konzentrierten Angebots von Spitzenerzeug-
nissen aus allen Bezirken gegenwärtig eingeleitet werden
bzw. in Vorbereitung sind. Der Dir im vergangenen Jahr
vorgelegte Entwurf zur Veränderung des Handels im
Stadtzentrum befindet sich in voller Realisierung. Bis
zum Parteitag wird eine wichtige Etappe abgeschlossen
werden. Ein umfassenderes Programm zur weiteren
Umgestaltung des Handels bis zur 750-Jahr-Feier Berlins
liegt ebenfalls vor und wird gegenwärtig – ausgehend
von Deinen Hinweisen zum Kulturprogramm – nochmals überarbeitet und erweitert.

In diesem Zusammenhang noch eine Bemerkung am
Rande zum Erfurter Vorschlag: Dort war die »Einrichtung eines Industrieladens des Fleischkombinats mit einem attraktiven und vielfältigen Sortiment im Zentrum
Berlins« vorgeschlagen. Es ist sicher nicht allgemein bekannt, daß bereits jetzt 800 Tonnen Wurstspezialitäten aus
Erfurt in die Hauptstadt geliefert werden und daß darüber
hinaus weitere elf Bezirke ständig Fleisch- und Wurstspezialitäten für die Versorgung der Hauptstadt zuliefern.
Diese Lieferungen erfreuen sich einer außerordentlich
großen Nachfrage, sind nur kurzzeitig im Angebot und
führen zu beträchtlichem Käuferandrang. Aus diesem
Grund ist es richtig und notwendig, die Lieferungen von
Spezialitäten aus allen Bezirken auch weiterhin zu erhöhen. In Anbetracht der hinreichend bekannten Erfahrung mit den von Genossen Gerhard Grüneberg seinerzeit
eingerichteten zwei Agrar-Läden in der Liebknechtstraße
und in der Rathausstraße, die als Industrieläden betrieben
wurden (ständige Schlangenbildung), und Deiner Festlegungen dazu, würde ich gegenwärtig die Einrichtung eines Industrieladens des Fleischkombinats Erfurt im Zentrum Berlins nicht für zweckmäßig halten.

Anonym, 21. Mai 1985

Privat geht vor Katastrophe

Lieber Genosse Erich Honecker! Die breite Orientierung auf die Verwirklichung des Grundsatzes »Arbeitszeit ist Leistungszeit« ist unbedingt richtig. Sie wird von den Werktätigen durchweg verstanden und akzeptiert. Für jeden fleißigen Menschen ist dieser Grundsatz selbstverständlich. Leider fehlen zu seiner Realisierung vielerorts die Voraussetzungen.

Beispiele: 1. In Industriebetrieben ist es noch häufig so, daß nachgeordnete Produktionsabschnitte die ihnen zu liefernden Teile nicht rechtzeitig und nicht in der erforderlichen Menge erhalten, weil versäumt wurde oder weil reale Schwierigkeiten gegeben sind, für eine größere Stückzahl je Zeiteinheit erforderliche Menge zu sorgen. Die Folge sind Wartezeiten für diejenigen, die bereit waren, die Arbeitszeit voll zur Leistungszeit zu machen. Nach wenigen Tagen ist man in den vorherigen bequemen Rhythmus wieder zurückgefallen; die gute und richtige Lösung »Arbeitszeit ist Leistungszeit« ist verpufft.

2. Zum Sieg der Losung »Privat geht vor Katastrophe« auf der ganzen Linie: Einkäufe für den eigenen Haushalt, die während der Arbeitszeit durchgeführt werden, verringern die Leistungszeit. Bei mir im Hause, auf der gleichen Etage, wohnt ein älteres Ehepaar. Die Frau arbeitet als Sekretärin in einem Außenhandelsbetrieb, der Mann in einer Druckerei als Facharbeiter. Für diese Frau, wie für viele ihrer Kolleginnen, gilt die Losung »Privat geht vor Katastrophe«. Um die für die Lebensführung notwendigen Lebensmittel an denjenigen Tagen und Stunden, zu denen diese tatsächlich erfahrungsgemäß im Angebot der entsprechenden Läden bzw. Kaufhallen sind, einzukaufen, z.B. frisches Brot, Fleisch- und Wurstwaren (auch mal ein Stück fetten Speck,

Fleisch für Rouladen, H-Milch, Diabetes-Gebäck), müssen sie von ihrer Arbeit weglaufen und einkaufen gehen.

Ungeachtet dieser Tatsache hört und liest man immer wieder Darlegungen von Partei- und staatlichen Instanzen, daß stets ein volles Angebot in Grundnahrungsmitteln gesichert sei, und zwar für die gesamte Ladenöffnungszeit. Wie steht es jedoch in Wirklichkeit damit?

Dieser nur vermutete Sachverhalt wurde z.B. im Februar 1985 zum »Tag der Mitarbeiter des Handels« wiederum als eine Tatsache hingestellt. Der zuständige Minister, Genosse Briksa, sagte in seiner Festansprache u.a.: »Die Versorgung der Bevölkerung mit Grundnahrungsmitteln und Waren des täglichen Bedarfs wurde kontinuierlich gewährleistet.« – Zitat aus der Berliner Zeitung vom 18. Februar 1985.

Zwei Beispiele einer vom Minister behaupteten kontinuierlichen Versorgung: 1. Papier-Taschentücher: Ein Schwerpunkt für einfache Leute, vor allem auch für alte Leute, für Rentner, für Arbeiter. Gerade im Winter und in den Übergangs-Jahreszeiten, wo man öfters den Schnupfen hat und als älterer Mensch kaum noch Stofftaschentücher besitzt. Der empfindliche Mangel an solchen Papier-Taschentüchern bereitet viel Kummer; er fällt schwer ins Gewicht. Der Leiter meiner HO-Kaufhalle, in der ich zumeist einkaufe, sagte mir, er erhält etwa alle drei bis vier Wochen ein Paket Papier-Taschentücher. Diese Menge reicht höchstens für dreißig bis vierzig Prozent seiner Mitarbeiter. In den Verkauf könne er davon nichts geben. Wenn er den Streit mit seinen Leuten riskieren und die Papier-Taschentücher in den Verkaufsraum stellen würde, schlügen sich die Leute darum.

Meine Meinung hierzu: Das ist doch überhaupt keine Versorgung der Bevölkerung! Das ist totale Eigenversorgung des Kaufhallenpersonals! Jedoch die Meinung des Ministers: Es gebe eine kontinuierliche Versorgung der

Bevölkerung mit den Waren des täglichen Bedarfs, die gewährleistet sei!

2. Kernseife: Ich könnte genau die gleichen Worte verwenden wie bei dem Beispiel Papier-Taschentücher. Versuche doch mal, diese einfache, aber für schmutzige Wäsche nun einmal erforderliche Kernseife zu kaufen. Überall in den Kaufhallen nur Fehlanzeige! Der Genosse Minister aber ist da anderer Meinung.

Ich könnte da noch eine Reihe von Beispielen anführen, auf die dasselbe zutrifft. (...)

Bereits auf der mittleren Ebene, in größerem Ausmaß als auf der oberen Ebene, kennen die Funktionäre den tatsächlichen Zustand im Warenangebot nicht aus eigener Anschauung. Sie können ihn nicht kennen, weil sie zu der bevorzugten Kaste gehören, weil ihre Sonderläden tatsächlich keine solchen Lücken im Warenangebot aufweisen wie die Einkaufsläden für die allgemeine Bevölkerung. Diese Genossen können zu jeder Zeit auch jede im Bereich des normalen Bedarfs, ja des gehobenen Bedarfes liegende Ware kaufen, z.B. Rindsrouladen, u.ä. Das Schlimmste aber ist, wie mir von vertrauenswürdigen Genossen auf Kreis-, ja sogar Bezirksebene im Laufe der letzten Jahre mehrfach versichert wurde, daß wahrheitsgemäße Berichte zur Versorgungslage auf bestimmten Warengebieten von ihren Vorgesetzten als »Schwarzmalerei« bezeichnet wurden und gestrichen werden mußten.

Warum sagen verantwortliche Genossen an der Spitze, warum sagst Du, lieber Erich, nicht einmal die Wahrheit zu diesen Dingen. Auch ich gehöre zu denen, die ein offenes Wort vertragen können. Jedoch das Nichtoffene, das Getue, und die Niederhaltung der Kritik anstelle des Bemühens um eine echte Lösung der Probleme, das vertragen unsere Menschen nicht. Wir wollen nicht wünschen, daß es einmal eine Kraftprobe gebe, wer hinter

Dir und Deinen oben verantwortlichen Genossen stünde,
das Ergebnis wäre bei weitem nicht so gut, wie es Dir
selbst scheinen würde. (…) Mit sozialistischem Gruß! Ein
Getreuer.

*Honecker zeichnete den Brief am 31. Mai 1985 ab und leitete ihn an
»Gen. W. Jarowinsky« weiter. Unter dem 4. Juni 1985 liegt ein »Stand-
punkt zum anonymen Schreiben an den Generalsekretär des ZK der SED,
Genossen Erich Honecker, vom 21. Mai 1985« vor. In diesem Standpunkt
heißt es: »1. Aus dem lesbaren Teil des Poststempels kann gefolgert werden, daß das Schreiben in einem Ort ›Berg…‹ des Bezirkes Frankfurt/
Oder (Postleitzahl 12…) aufgegeben wurde. Die territoriale Nähe des
Absenders zur Hauptstadt Berlin sowie solche von ihm verwendeten Be-
griffe wie ›Außenhandelsbetrieb‹, ›Berliner Zeitung‹, ›Kaufhallen‹ und
›H-Milch‹ stützen die Vermutung, daß der Schreiber die Versorgungslage
in Berlin meint.*

*2. Im Schreiben geht es um eine Verunglimpfung der Politik unserer Par-
tei auf dem wichtigsten Gebiet der Versorgung mit Erzeugnissen des
Grundbedarfs. Die vom Schreiber vorgenommenen Wertungen und auf-
gestellten Behauptungen können so nicht hingenommen werden. Die peri-
odisch vorliegenden Informationen der Versorgungsinspektion des Ministeriums für Handel und Versorgung aus eigenen operativen Überprüfun-
gen sowie aus mit Entwicklungszahlen untersetzten Berichten aller Räte
der Bezirke, des Magistrats der Hauptstadt Berlin sowie der zentralen
Staats- und Wirtschaftsorgane besagen, daß die Versorgung der Bevölkerung mit den Erzeugnissen des Grundbedarfs, vor allem den Grundnahrungsmitteln, in allen Territorien stabil gewährleistet ist. Auch aus der
Parteiinformation liegen keine anderen Aussagen vor.«*

Albert Norden, 28. Juni 1977

Kaffee und Kakao

Albert Norden, 1904-1982. Rabbinersohn aus Oberschlesien, Schreiner, seit 1921 KPD, Redakteur der Roten Fahne, 1931 bis 1933 im Ruhrgebiet. Emigration in die USA, 1949 Pressechef der DDR-Regierung, 1952 Professor für neuere Geschichte an der Humboldt Universität, 1958 bis 1981 Politbüro, in den sechziger Jahren ZK-Sekretär für Agitation und Propaganda sowie Westpolitik. Als im Januar 1971 dreizehn Mitglieder und Kandidaten des Politbüros der SED Leonid Breschnew um eine baldige Ablösung Walter Ulbrichts ersuchten, unterschrieb Albert Norden diesen Brief nicht.

Lieber Erich, bei der Behandlung der Vorlage über Kaffee und Kakao habe ich mich sehr über Deinen Einwand gefreut, hier nichts zu übereilen. Hier geht es ja nicht um irgendeine Versorgungsposition, sondern um ein Volksgenußmittel im besten Sinne des Wortes.

Es ist für mich einfach unvorstellbar, daß wir den Ausschank von Bohnenkaffee in den Gaststätten völlig einstellen wollen, zukünftig nur noch etwa zwanzig Prozent der jetzigen Menge an Bohnenkaffee angeboten werden soll. Noch dazu als Mischkaffee, bei dem – wie es in der Vorlage heißt – wir weder Erfahrung über die Produktion noch über den Geschmack und die Verbrauchsentwicklung haben. (...) Ich befürchte, die Durchführung der in der Vorlage enthaltenen Maßnahmen wird auf kein Verständnis stoßen, große Unzufriedenheit auslösen.

Natürlich sind wir gezwungen, aus der außenwirtschaftlichen Lage Schlußfolgerungen zu ziehen. Ohne drastische Deviseneinsparungen wird es nicht gehen. Und das muß wohl auch den Versorgungssektor einschließen. Welche Positionen gestrichen oder eingeschränkt werden, ist meines Erachtens ein Politikum ersten Ranges. Ich glaube, daß unsere Facherzeugnisse nach nochmaliger Prüfung sicher andere Rohstoffe oder Fertigerzeugnisse des Versorgungssektors finden, die wir notgedrungen und zeitweilig streichen – nur Dinge des ausgesprochenen Massenbedarfs sollten es nicht sein. Eigentlich wollte ich diese Überlegungen im PB vortragen. Aber es ist wohl richtiger, sie erst einmal Dir zu unterbreiten. Mit sozialistischem Gruß

Fidel Castro Ruz, 18. März 1978

ZUCKER

Castro, geboren 1927, nach zweijährigem Guerillakrieg 1959 Präsident Kubas, das er 1961 zur Sozialistischen Republik erklärte. Castro lehnte 1988 Perestroika und Glasnost ab und bekräftigte die Fortsetzung des politischen Kurses der kubanischen Revolution unter der Losung »Sozialismus oder Tod«. Am 27. Februar 1978 wandte sich Castro an Erich Honecker und bat ihn, die ablehnende Haltung der DDR gegenüber dem internationalen Zuckerabkommen aufzugeben. Dieses Abkommen sichere der Wirtschaft Kubas »eine gewisse Stabilität bei der Erhaltung frei konvertierbarer Devisen«. Andererseits sei »allen Zuckerspezialisten bekannt, daß weder die DDR noch die CSSR ohne den Zucker, den sie aus Kuba erhalten, die von ihnen beabsichtigten Mengen exportieren könnten«.

Estimado Compañero Erich Honecker: Ich möchte Ihnen und dem Politbüro der SED unmittelbar für die schnelle und positive Antwort danken, die unsere Bitte hinsichtlich der Unterzeichnung des Internationalen Zuckerabkommens gefunden hat. Es handelt sich dabei um eine Haltung, die den Charakter der Beziehungen zwischen unseren Parteien und Regierungen bekräftigt und die ohne Zweifel zur Stabilisierung des Zuckermarktes beitragen wird, der Kuba im besonderen interessiert. Aber dieser Schritt wird außerdem nützlich sein für alle unsere Länder auf Grund der positiven wirtschaftlichen Effekte.

Indem ich Ihnen unsere Anerkennung zum Ausdruck bringe, verehrter Genosse Honecker, benutze ich die Gelegenheit, Ihnen die Grüße des Politbüros des Zentralkomitees unserer Partei zu übermitteln und Sie meiner brüderlichen Freundschaft zu versichern.

Mitschnitt eines Gesprächs, 17. Oktober 1978, 20.30 Uhr

HALLO HIER HONECKER II

Seinen eigenen Beweggrund für die Ablehnung des Mischkaffees offenbarte Erich Honecker in einem Telefongespräch über deutsche und russische Ernährungsgewohnheiten.

Sch.: Bei uns ist das Getreide an und für sich sehr gut. Wir haben wieder einmal zu viel von dem Zeug. Erst hatten wir zu viel Milch und zu viel Butter, und neuerdings haben wir auch noch auf anderen Gebieten zu viel.
H.: Nun ja, darüber kann man ja einmal reden, da wir zu wenig davon haben.
Sch.: Habt ihr zu wenig?
H.: Butter haben wir genug, Fleisch auch. Aber was wir brauchen, ist Futter für das Vieh. (...)
Sch.: Butter haben Sie genug?
H.: Für die Ernährung haben wir genug.
Sch.: Ich habe auch Sorge, unsere Butter ist zu teuer für Euch.
H.: Nein, ich glaube nicht.
Sch.: Wir haben entsetzliche Preise hier durch die EG.

[Honecker erklärte sodann, daß die DDR selbst Butter exportiere.]

Sch.: Euer Lebensstandard hat sicherlich einen sehr hohen Stand erreicht.

H.: Ja, einen sehr hohen Stand. Wir sind ziemlich gleich auf diesem Gebiet.

Sch.: Bei uns müssen die Leute alle aufgefordert werden, weniger zu essen.

H.: Ja wir möchten das auch machen, nur sie essen nicht weniger. Das schadet sogar der Gesundheit, nur essen sie trotzdem nicht weniger. Wir haben den höchsten Pro-Kopf-Verbrauch an Butter in der Welt – 14 Kilogramm.

Sch.: Ja, das ist zu viel, die sollen lieber Margarine essen, da werden sie nicht so fett davon.

H.: Natürlich, Margarine ist auch viel besser.

Sch.: Ich fasse auch immer große Absichten und große Vorsätze, und dann werden die immer nicht ausgeführt.

H.: Ja, das ist so. Ich trinke auch Kaffee, obwohl er teuer ist. Wir geben allein 400 Millionen Mark in Devisen aus für den Kaffee, unwahrscheinlich. Früher hatte man kaum, mit Ausnahme der Sachsen, Kaffee getrunken.

Sch.: Haben Blümchenkaffee getrunken.

H.: Kathreiners Malzkaffee.

Sch.: Das ist vorbei. Da sind sie heute nicht mehr damit zufrieden.

[Nach einer Weile fragte Schmidt nach den Beziehungen zu »dem großen Bruder«. Honecker berichtete vom letzten Treffen mit Breschnew, es habe eine kurze Besprechung gegeben und dann habe man zusammen in] etwas über drei Stunden (...) eine schöne Flasche sowjetischen Wodka ausgetrunken.

Sch.: Aha, da muß man ja aufpassen, daß er einen nicht unter den Tisch trinkt.

H.: Ja, er war sehr standhaft.

Sch.: Ja, er ist sehr stark im Nehmen. Aber ich muß sagen, ich habe immer Angst, wenn ich so viel mittrinken muß.

H.: Ja, das stimmt auch. Aber ich mußte in diesem Fall mittrinken, und ich habe auch gerne mitgetrunken. Wobei ich wirklich sagen möchte, daß er tief beeindruckt ist von seinem Besuch in der BRD, vor allen Dingen von seinem Aufenthalt in Hamburg.

Sch.: Das freut mich zu hören. Wissen Sie, es gibt einen, der trinkt nicht mit. Der trinkt Wasser insgeheim.

H.: Ja, er hatte zwei bei sich gehabt. Die mußten auch trinken. Die haben keinen Wodka getrunken. Die mußten das Getränk für die Intelligenz trinken, den Cognak. Die haben zusammen auch eine Flasche getrunken. Es ging trotzdem äußerst bewundernswert. Wir haben im Anschluß sogar noch Fernsehen geschaut. Also, es war sehr gut.

Volkseigener Handelsbetrieb Exquisit, 25. August 1987

NUR DAS BESTE ZUM GEBURTSTAG

Lieber Genosse Erich Honecker! Im Namen des Kollektivs des Volkseigenen Handelsbetriebes »Exquisit« übermittle ich Ihnen die allerherzlichsten Glückwünsche zu Ihrem 75. Geburtstag. (...)

Es ist uns darüber hinaus jedoch auch ein besonderes Bedürfnis, Ihnen, lieber Genosse Honecker, für Ihr langjähriges Engagement und Ihre ständige Unterstützung bei der Herausbildung und Entwicklung des Exquisithandels zu danken. Auf Ihre Initiative wurden dazu mehrere richtungsweisende Beschlüsse gefaßt, die uns eine klare Orientierung und Zielstellung für die unter der Führung der Partei zu lösenden Aufgaben gegeben haben. (...)

Die Erfüllung dieses Parteiauftrages prägte das Wirken des Kollektivs unseres Betriebes sowie aller an der Exquisitversorgung Beteiligten in den zurückliegenden zehn Jahren, löste vielschichtige und zielgerichtete Initiativen aus und mobilisierte die Werktätigen in Industrie und Handel zu schöpferischen Leistungen in der Bereitstellung von hochwertigen Bekleidungserzeugnissen.

Wir versichern Ihnen anläßlich Ihres Ehrentages, auch in Zukunft die Bereitstellung hochwertiger Qualitätsprodukte zur Befriedigung des wachsenden Bedarfs unserer Bevölkerung zuverlässig zu gewährleisten. Mit sozialistischem Gruß

Bund der Architekten, 12. Juni 1987

Schöner unsere Städte – mach mit!

Lieber Genosse Erich Honecker! In einer konstruktiven und vorwärtsdrängenden Atmosphäre haben wir, die Delegierten des IX. Kongresses des Bundes der Architekten der DDR, darüber beraten, wie unser sozialistischer Fachverband seinen wachsenden Beitrag zur konsequenten Verwirklichung der Beschlüsse des XI. Parteitages der SED leistet. Das Schöpfertum der Architekten und Stadtplaner noch wirkungsvoller für die Meisterung der qualitativ neuen Maßstäbe hoher Wirtschaftlichkeit und Qualität des Bauens zu fördern, stand dabei im Mittelpunkt. (...)

In diesem Sinne vermittelt der Kongreß unserer Architekten und Stadtplaner einen reichen Wissens- und Erfahrungsschatz, um ihrer wachsenden Verantwortung bei der effektivsten Realisierung der Bauaufgaben im Fünfjahresplan 1986 bis 1990 auf dem Weg der umfassenden Intensivierung gerecht zu werden. Das gilt vor allem für das vorrangige Anliegen, bei jedem geplanten Bauvorhaben bereits vom Projekt her das günstigste Verhältnis von Aufwand und Ergebnis maßgeblich zu bestimmen und eine gediegene städtebaulich-architektonische Qualität zu gewährleisten. (...)

Nach wie vor ist von großer politischer Tragweite, beim Bauen zur würdigen Ausgestaltung der Hauptstadt beispielhafte städtebaulich-architektonische Leistungen zu vollbringen. Dies macht das bisher Erreichte überzeugend sichtbar, und zeigt zugleich, wie nutzbringend das engagierte Wetteifern der Berliner Architekten mit ihren Berufskollegen aus der ganzen Republik, insbesondere auch der jungen Architekten in der »FDJ-Initiative Berlin« ist, um die künftigen Aufgaben noch besser zu lösen. Unser Fachverband wird diesem vorwärtsdrängenden Elan weiterhin zielstrebig voranhelfen. (...)

Fest und vertrauensvoll vereint mit dem großen Kollektiv der Bauschaffenden unseres Landes können die Architekten für die Lösung ihrer anspruchsvollen Aufgaben beträchtlich gewachsene materielle und geistige Potenzen nutzen. Das gilt besonders für die enge Verbindung von Wissenschaft, Projektierung und Produktion in den Kombinaten und Betrieben des Bauwesens. Dabei entstehen im Prozeß der Entwicklung und Anwendung wissenschaftlich-technischer Spitzenleistungen und Schlüsseltechnologien völlig neue Möglichkeiten, um die schöpferische Einflußnahme des Architekten auf eine hohe Wirtschaftlichkeit und Qualität des Bauens bedeutend zu erhöhen. Die Einführung und effektivste Nutzung der CAD-Technik in der Projektierung und städtebaulichen Planung bringen gerade dafür großen Gewinn. (...)

Mit dem aktiven Wirken unserer Mitglieder soll alles gefördert werden, was dazu dient, in Stadt und Land noch effektiver und besser zu bauen. Dabei bleibt die Entwicklung von Städtebau und Architektur als Bestandteil der aufblühenden sozialistischen Nationalkultur unseres Arbeiter-und-Bauern-Staates fest im Blickpunkt ihres Schaffens. Das schließt ein, die bewährte Gemeinschaftsarbeit mit den bildenden Künstlern, Denkmalpflegern und den bauausführenden Kollektiven ständig zu vertiefen. Nicht zuletzt geht es uns darum, die Vorzüge unserer sozialistischen Demokratie für eine umfassende Förderung der so wertvollen Bürgerinitiative »Schöner unsere Städte und Gemeinden – mach mit!« noch wirksamer zu nutzen.

Lieber Genosse Erich Honecker! Bestärkt durch den erfolgreichen Verlauf unseres Kongresses können wir Dir in herzlicher Verbundenheit versichern: Die Architekten und ihr Fachverband werden unter der bewährten Führung der Arbeiterklasse auch weiterhin ihre ganze Kraft und ihre schöpferischen Fähigkeiten für die allseitige Stärkung der Deutschen Demokratischen Republik und damit für die Erhaltung des Friedens einsetzen. Im Namen der Delegierten des IX. Kongresses des Bundes der Architekten der DDR Professor Dipl.-Ing. Ewald Henn, Präsident, Professor Dr. Gerhard Krenz, 1. Vizepräsident, Professor Dr. E.H. Edmund Collein, Ehrenpräsident, Dipl.-Gewi. Wilfried Hoffmann, Parteisekretär, Dipl.-Ing. Robert Scholz, 1. Sekretär.

Hermann T. aus Wilsdruff, 16. Juli 1987

Gastarbeiter in der Hauptstadt

Lieber Genosse Erich Honecker! Aus großer Verantwortung für unsere große und schöne sozialistische Sache fühle ich mich als alter klassenbewußter Genosse verpflichtet, Dir in Form dieser Zeilen einen Situationsbericht über 750 Jahre Berlin zuzuleiten. Ich möchte vorausschicken, daß ich damit sowohl meine ganz persönliche Meinung, als auch die der mit mir verbundenen Genossinnen und Genossen und noch viel mehr auch der Bürger, mit denen wir zusammenkommen, zum Ausdruck bringe.

Allgemein wird eingeschätzt, und dieses kam auch in der Parteiversammlung am 13. Juli bei der Auswertung des 4. Plenums zum Ausdruck, – daß es selbstverständlich ist, und uns alle mit Stolz erfüllt, daß die Hauptstadt unseres sozialistischen Staates den sozialistischen Aufbauwillen dokumentiert und dabei Beispiele für unser sozialistisches Kulturerbe geschaffen werden,
– daß das sozialistische Berlin dem kapitalistischen Westberlin in allen Belangen seine Überlegenheit beweist,
– daß man Berlin schöner als je wieder aufbaut,
– und daß man einen Geburtstag in sehr würdiger Form und mit größter Anteilnahme seiner Bürger und Gäste feiert.

Dieses alles wird verstanden und gebilligt, aber nachdem wir nun schon ein halbes Jahr Geburtstag feiern, finden wir dafür kein Verständnis mehr, weil damit für den Aufwand sehr große finanzielle Mittel eingesetzt werden müssen. Allein schon bei der Erkenntnis, daß jede Groß-Kulturveranstaltung nicht nur aus den Eintrittspreisen getragen werden kann, und zum anderen für die Künstler aus dem kapitalistischen Ausland auch Valuten erforderlich sind, welche durch Auslandsgastspiele unserer

Künstler bestimmt nicht ausgeglichen werden können, sollte man nun damit Schluß machen.

Wir sind der Meinung, daß eigentlich mit dem großartigen und gewaltigen Fest-Umzug der Höhepunkt gegeben war, und wir sollten nun wieder zur Tagesordnung übergehen! Denn nachdem man jetzt beginnt, den Geburtstag unserer sozialistischen Hauptstadt zu glossieren (z.B. mit gedruckten Schildern an den Fahrzeugen mit der Aufschrift »781 Jahre Dresden« u.a.m.), so denke ich, daß damit der Unwillen und auch das Unverständnis unserer Bevölkerung – außer der Berliner vielleicht, welche die unmittelbaren Nutznießer all dessen sind – zum Ausdruck kommt und damit die gute Absicht ins Gegenteil umschlägt!

Gleichzeitig sollte man auch einmal prüfen, ob es vor der weiteren Entwicklung in der Republik zu verantworten ist, wenn nach so vielen Jahren des Aufbaus Berlins zur sozialistischen Hauptstadt, welches mit Hilfe und tatkräftiger Unterstützung der angeforderten Bauschaffenden aus allen Bezirken der Republik geschieht, Berlin nun seine »Gastarbeiter« doch wieder in ihre Heimatbezirke, Städte und Dörfer zurückschickt. Dort werden sie dringend benötigt, denn die Verwirklichung unseres Wohnungsbauprogramms benötigt jeden Arbeiter, auch in der Republik! Wir schätzen ein, daß die Berliner Bauschaffenden auch viel von dem Fleiß und den Erfahrungen und dem gegenseitigen Erfahrungsaustausch mit ihren Kollegen aus der Republik gelernt haben, so daß sie in der Lage sind, nun ohne ihre »Gastarbeiter« auszukommen. (…) Ich hoffe, daß ich richtig verstanden werde, und indem ich Dir, lieber Genosse Erich Honecker, noch beste Gesundheit und viel Schaffenskraft als Generalsekretär unserer stolzen Partei und an der Spitze unserer sozialistischen Regierung wünsche, verbleibe ich mit kommunistischem Gruß

Hermann T. erhielt daraufhin Besuch von einer Parteidelegation unter Leitung des ZK-Beauftragten Erwin Jurisch. Laut dessen Bericht gehörten der Abordnung außerdem an: »Der 1. Sekretär der Kreisleitung der SED Freithal, Genosse Klaus Jentsch, der Sekretär der Ortsleitung der SED Wilsdruff, Genosse Heinz Paul, der Sekretär der WPO 2 der SED Wilsdruff, Genosse Heinz Hoffmann, der Mitarbeiter für Staatsfragen der Kreisleitung der SED Freithal.« Im Abschlußbericht hieß es: »Es wurde offen und freimütig zu allen vom Genossen T. in seinem Brief dargelegten Fragen diskutiert. In der Aussprache wurde deutlich, daß Genosse T. die politischen und kulturellen Aktivitäten zur 750-Jahr-Feier von Berlin nicht in die Gesamtpolitik der Partei einordnete und ihre Rolle und Bedeutung als festen Bestandteil der Politik des Kampfes um die Erhaltung des Friedens, der Koalition der Vernunft und des Realismus betrachtet hat.« Jurisch notierte weiter, daß sich Hermann T. eigentlich weniger um die Baumaßnahmen in Ost-Berlin sorge, sondern um »viele kleine Alltagsfragen des Lebens in Wilsdruff«. Ergebnis der Unterredung: »In der Aussprache konnte ihm nachgewiesen werden, daß er damit nicht Recht hat. So sind z.B. weder finanzielle noch materielle Fonds der Volksvertretung von Wilsdruff für Vorhaben für Berlin reduziert worden.«

Herbert G. aus A., 13. Januar 1986

14 Jahre vertröstet

Sehr geehrter Genosse Honecker! Ich schreibe mit der Bitte an Sie, mir in meiner Wohnungsangelegenheit zu helfen. Doch zunächst möchte ich mich erst einmal vorstellen: Ich bin fünfzig Jahre alt, verheiratet, Vater von fünf Kindern, davon sind noch drei schulpflichtig (9. Klasse, 6. Klasse und 3. Klasse). Ich arbeite als Traktorist in der LPG (P) Eimersleben. Doch nun zu meinem Anliegen.

Seit vierzehn Jahren wohne ich mit meiner Familie in einer Wohnung, die weder Wasserzufuhr noch Abfluß und Toilette hat. Das heißt für uns, daß wir Tag für Tag das Wasser hoch und runter schleppen müssen, welches wir zum Kochen, Saubermachen, zum Baden der Kinder und vieler anderer Dinge benötigen, wobei die öffentliche Wasserentnahmestelle circa 150 Meter von der Wohnung entfernt ist. Ich bemühe mich seit acht Jahren, daß dieser Mißstand beseitigt wird. Zu den letzten drei Kommunalwahlen wurde mir jedesmal versichert, daß ich ans Wassernetz angeschlossen werde, doch nichts geschieht. Ich werde von Jahr zu Jahr vertröstet.

Werter Genosse Honecker! In Hoffnung, daß Sie meiner Bitte Nachdruck bei den örtlichen Organen verleihen werden, verbleibe ich Hochachtungsvoll

Der Erste Stellvertretende Vorsitzende des Rates des Kreises Heidersleben, Meinecke, teilte am 4. März 1986 dem Sachbearbeiter Leitner beim Staatsrat mit, in einem Gespräch mit dem Bürger Herbert G. und dem Bürgermeister sei festgelegt worden, daß »nach der Frostperiode die Wohnung von Familie G. an das Wassernetz anzuschließen und Bad sowie WC zu installieren ist«.

Familie L. aus W., 11. Juni 1986

Wir möchten auch gerne eine Badewanne

Sehr geehrter Herr Staatsratsvorsitzender! Wir wenden uns jetzt an Sie, da sich bis jetzt im Punkte Hygiene bei uns im Haus noch nichts geändert hat.

Es wurde uns im vergangenen Jahr fest versprochen, daß 1986 das Haus total modernisiert werden soll. Als wir nun aber dieses Jahr wieder darauf zu sprechen kamen, hieß es, daß es dieses Jahr noch nichts wird. Gebäudewirtschaft hat im vergangenen Jahr einen Antrag für einen Kredit gestellt und haben auch einen bewilligt bekommen. Nun heißt es aber, sie haben für uns keine Bauleute. In unserem Haus befindet sich nicht einmal das Notbedürftigste. Wasser müssen wir hoch und runter tragen, mit den Toiletteneimern wissen wir nicht mehr wohin. Überall regnet es durch. Als wir im vergangenen Jahr heirateten, wollten wir unseren Flur renovieren, denn der Putz fällt schon von der Decke, hieß es, wir sollten dieses nicht tun, denn es würde im nächsten Jahr alles modernisiert werden.

In den Stallungen und in der Waschküche regnet es schon bald genauso wie draußen, denn das Dach ist schon total durchgefault. Bis jetzt wurde für uns noch gar nichts gemacht. Wir haben einen alten Gasherd bekommen, der vor Dreck steifgestanden hat. Als wir beim Direktor von Gebäudewirtschaft waren, hat man uns gesagt, bei Neubezug werden die Wohnungen neu gemalert. Wir mußten uns dieses aber auch alleine machen und haben nicht einmal Arbeitslohn dafür bekommen. Bloß drei Mark je Tapetenrolle zurückbekommen. Eine neue Wohnung kann man uns auch nicht geben, wie uns Frau Müller vom Wohnungsamt sagte. Es wurden 1985 drei neue Neubaublocks gebaut und Frau Müller sagte, es fehlen noch Wohnungen. Wir verstehen dies aber nicht, eigentlich müßten es doch jetzt genug Wohnungen sein. Aber es werden bei uns die Wohnungen ja unterm Tisch vergeben, wie der Aal im Fischladen sozusagen. Aber die beim Rat der Stadt arbeiten, ziehen von einem Neubau in den anderen Neubau und überlassen ihren Kindern die andere Wohnung. Das geht alles und wir leben bald wie früher. Und die Wohnungen werden auch viel zu ungerecht verteilt. Zum Beispiel drei Mann haben eine Drei- bis Dreieinhalbzimmerwohnung. Wir wollten uns gerne noch ein zweites Kind anschaffen, aber dieses können wir nicht, weil es dann viel zu eng wäre. Bei uns sind drei Kammern, eine wollten sie als Bad ausbauen und sie wollten auch ein Kinderzimmer bauen.

Wir haben eine kleine Zwei-Raum-Wohnung und eine sehr kleine Küche mit Schrägdach. Wenn wir im Winter heizen, müssen wir unsere Frisierkommode auf den Flur stellen und dort regnet es auch durch. Wir haben uns schon bald die Hacken wund gelaufen und uns wurden bloß immer leere Versprechungen gemacht. Mein Mann arbeitet im Forstbetrieb N. und ich als Annahmesekretärin. Meine Schwiegermutter ist Heizerin in der Kinderkrippe W. Nach Feierabend müssen wir uns dann in einer Schüssel waschen. Denn eine Badewanne und eine Spültoilette kennen wir gar nicht. Wir möchten auch gerne in einer Badewanne liegen können, wie andere es auch haben. Und nachts nicht mehr zum Hof auf die Toilette gehen. Es wurde sogar schon zu uns gesagt, was wir bloß mit unserem Bad haben, wir sollten doch mit dem zufrieden sein, was wir haben. Sonst sollten wir doch wieder zum B. ziehen, wo wir hergekommen sind. Aber der B. ist außerhalb der Stadt und ist dicht am Zusammenfallen.

Der Bürgermeister von unserer Stadt W. hat sich das Haus noch nie angeguckt. Er hat bloß zu meinem Schwiegervater gesagt, na von draußen sieht ja das Haus noch gar nicht so schlecht aus. Darum haben wir dieses Jahr auch nicht an den Wahlen teilgenommen, und als der Bürgermeister das erfuhr, hat er gesagt, wenn wir nichts für unseren sozialistischen Staat übrig haben, brauchen wir von ihm keine Hilfe mehr erwarten. Aber bis jetzt haben wir noch nichts von ihm bekommen und geholfen hat er uns bis jetzt auch noch nicht. Wie kann man da auch noch Vertrauen haben für unseren Staat, wenn einem doch nicht geholfen wird. Wir stecken die Wählerkarten mit rein. Mit sozialistischem Gruß

In dem Antwortschreiben des Staatsrates werden die Forderungen von Familie L. als berechtigt anerkannt. Wie aus einem weiteren Schreiben hervorgeht, wurden im Jahr 1988 »umfangreiche« Werterhaltungsmaßnahmen in der Wohnung durchgeführt.

Auszüge aus Eingaben und Briefen an Honecker

ALLES FÜR DAS WOHL DER JUGEND

Zu den vom 11. Parteitag der SED, 17. bis 21. April 1986,
beschlossenen sozialpolitischen Maßnahmen erhielt Erich
Honecker zahlreiche Stellungnahmen.

S.G., Arbeiterin, Lübbenau: Es ist eine große Errungenschaft, daß unsere Kinder allseitig umsorgt und umhegt in eine glückliche, sorglose Zukunft hineinwachsen dürfen. Alle wissen, daß sie einen Beruf erlernen und später auch ausüben können. Alles, alles wird für das Wohl unserer jungen Menschen getan. Die Beschlüsse des 11. Parteitages sind dafür wieder ein treffendes Beispiel. Dafür möchte ich Ihnen herzlich danken. Aber, werter Herr Honecker, etwas enttäuscht hat uns doch, daß die Generation, die unter großen Entbehrungen Wegbereiter für all unsere heutigen Annehmlichkeiten war, wieder einmal zu kurz gekommen ist. Viele erleben das Rentenalter nicht mehr und wenn, sind viele so verbraucht, daß sie nicht mehr in der Lage sind, das unternehmen zu können, zu dem sie im vollen Arbeitsleben nicht gekommen sind. Sie mußten ihre Kinder ohne all die heutigen Vergünstigungen groß ziehen und müssen nun noch die weitere zusätzliche Freizeit für die jungen Kollegen mit zusätzlicher, intensiver Arbeit in den Betrieben absichern, was in vielen Fällen nicht leicht ist. Als wir uns im Kollegenkreis vor dem Parteitag darüber unterhielten, was wir wohl ganz persönlich von ihm erwarteten, sagte ein Mann um die fünfzig resignierend die bezeichnenden Worte: »Ruhm und Ehre unserer Jugend, Gesundheit und Schaffenskraft unseren Alten.«

H.K. aus Eisenhüttenstadt: Wir Jahrgänge 1936 und älter begrüßen die sozialpolitischen Maßnahmen für unsere Jugend, aber warum wurden wir vergessen? Wir sind gesundheitlich so abgearbeitet, daß wir uns die verkürzte Wochenarbeitszeit von vierzig Stunden dringend wünschen und auch unser Jahresurlaub von 18 Tagen müßte um drei bis fünf Tage erhöht werden, denn nur dann könnten wir unsere Gesundheit erhalten und uns auch einmal acht Tage Urlaub in den Wintermonaten gönnen.

W.H., Arbeiterin aus Pößnick: Nach meiner 1948 erfolgten Eheschließung habe ich von 1949 bis 1960 fünf Kinder geboren und gemeinsam mit meinem Mann unter schwersten Bedingungen aufgezogen. Die Hoffnung auf irgendeine Verbesserung, die Frauen meiner Altersklasse betreffend, hat sich mit diesem 11. Parteitag zerschlagen. Wie man sieht, wäre das Geld dafür dagewesen. Die zwei Milliarden aus unserem Nationaleinkommen bestätigen das. Aber, da wir uns ja als treu erwiesen haben, braucht man uns nicht zu hofieren. Es ist nichts dagegen einzuwenden, den jungen Menschen den Start ins Leben zu erleichtern oder das Kindergeld in gewissem Rahmen zu erhöhen, aber das alles Geld nur in dieser Richtung eingesetzt wird, ist eine soziale Ungerechtigkeit in höchstem Maße! In meiner Verbitterung muß ich sagen, wir sind in unserem Staat das letzte, wir sind die Stiefkinder unseres Staates!«

Mitunter erging es aber prominenten Kadern auch nicht besser.

Egon Krenz, 19. Februar 1987

Erst Ausziehen, dann Spenden

Egon Krenz, geboren 1937, Lehrer, war von 1973 bis 1989 Mitglied des Zentralkomitees der SED, von 1974 bis 1983 Erster Sekretär des Zentralrats der Freien Deutschen Jugend (FDJ), von 1983 bis 1989 Mitglied des Politbüros. Vom 18. Oktober bis 3. Dezember 1989 war er als Nachfolger Erich Honeckers Generalsekretär der SED.

Irma Verner, geboren 1905, Stellvertretende Abteilungsleiterin im ZK der SED, seit Juni 1971 Mitglied der Zentralen Revisionskommission.

Lieber Genosse Erich Honecker! Am 17. Februar bat mich Genossin Irma Verner um eine Aussprache. Es ging ihr dabei um folgende zwei Fragen:

– Paul und Irma Verner hatten sich gegenseitig als Erben eingesetzt. Sie hatten getrennte Konten, die jetzt nach dem Tod von Paul Verner vereint wurden. Da beide jahrzehntelang in leitenden Funktionen tätig waren und gut verdienten, sei sie jetzt Besitzerin einer hohen Geldsumme. Aus diesem Grunde war sie bei Genosse Wildenhain, um ihm mitzuteilen, daß sie einige 100.000 Mark (eine exakte Summe nannte sie nicht) der Partei übereignen möchte.

Genosse Wildenhain habe ihr gesagt, dies müsse Genossen Erich Honecker mitgeteilt werden. Sie bat mich deshalb, Dir ihr Anliegen vorzutragen und danach Genossen Wildenhain zu bitten, die entsprechende Geldoperation vorzunehmen.

Ich habe ihr gesagt, daß ich Dir ihre Bitte vortragen werde.

– Genossin Irma Verner bat ferner um eine Entscheidung, ob sie das Haus in der Waldsiedlung weiter bewohnen kann, oder – wie sie wörtlich sagte – »ausziehen muß«. Sie wisse zwar, daß eine Reihe von Genossinnen nach dem Tod ihrer Ehemänner das Objekt verlassen haben. Sie wolle jedoch darauf hinweisen, daß sie bereits über achtzig Jahre alt sei und es ihr sehr schwer falle, den Haushalt aufzulösen. Sie würde jede Entscheidung hinnehmen, aber sie möchte gern Bescheid wissen.

Ich nahm ihre Information zur Kenntnis und sagte, ich werde mich sachkundig machen, um ihr eine Antwort zu geben. Ich bitte um Kenntnisnahme und Entscheidung. Mit sozialistischem Gruß

Anmerkung Honeckers auf dem Kopf des Briefes: »Entsprechend Beschluß verfahren, 1. ausziehen, 2. spenden, alles andere ihre Sache.«
Mit »Waldsiedlung« ist Wandlitz gemeint, Wohnsitz der Mitglieder des Politbüros. Heinz Wildenhain war Mitarbeiter der ZK-Abteilung Finanzverwaltung und Parteibetriebe.

Abt. Staats- und Rechtsfragen des ZK, 29. Oktober 1976

AUSWANDERUNGSLAND DDR

In Europa belegte die DDR in der Auswanderungsstatistik nach Irland den zweiten Platz.

Werter Genosse Honecker! Ausgehend von Deinem Fernschreiben an die Ersten Sekretäre der Bezirksleitungen über die erforderlichen Maßnahmen zur Zurückweisung von Versuchen revanchistischer Kreise in der BRD, Bürger der DDR zur Nichteinhaltung der Gesetze der DDR aufzufordern sowie vom bisherigen Erscheinungsbild feindlicher Handlungen einzelner Bürger, die die Gesetze der DDR verletzen, schlagen wir im Interesse einer einheitlichen Strafverfolgung und der einheitlichen Anwendung des Arbeitsrechts, in Übereinstimmung mit dem Generalstaatsanwalt der DDR, Genossen Streit, folgendes Vorgehen vor:

1. Der Einsatz strafrechtlicher Mittel erfolgt gegenüber jenen Personen, die aus Feindschaft oder aus einer negativ verfestigten Grundhaltung heraus handelnd provokatorisch gezielte oder im Zusammenwirken mit feindlichen Kräften Straftaten im Zusammenhang mit Antragsstellungen begehen.

2. Entsprechend der Gesellschaftsgefährlichkeit der strafbaren Handlungen ist es notwendig, differenziert zu verfahren und die ganze Skala unserer strafrechtlichen Möglichkeiten auszuschöpfen. Das heißt:

– Strafrechtlicher Zwang ist anzuwenden gegen Personen, die ihre Ausreise erpressen wollen, sich in das System der politischen Diskriminierung des Gegners eingliedern, unsere Staats- und Gesellschaftsordnung oder die Tätigkeit staatlicher Organe verunglimpfen, demonstrative Aktionen und Provokationen in der Öffentlichkeit durchführen.

– Strafrechtlicher Zwang wird eingesetzt gegen solche
Elemente, die versuchen, andere Personen für ihre Pläne
zu gewinnen, Verbindungen zu Zentren feindlicher Tätigkeit in der BRD und anderen imperialistischen Staaten
aufzunehmen.

– Es geht darum, den kriminellen Gehalt der strafbaren Handlungen gründlich herauszuarbeiten sowie die
Umstände und Hintergründe der Handlungen auf-
zudecken. Es darf keinerlei Schematismus zugelassen
werden.

– In den Fällen staatsfeindlicher Diskriminierung, insbesondere im Zusammenwirken mit feindlichen Kräften
in der BRD, sind die Tatbestände der staatsfeindlichen
Hetze, der staatsfeindlichen Verbindungsaufnahmen und
Nachrichtenübermittlung zu prüfen und anzuwenden.
In anderen Fällen sind die Tatbestände der Staatsver-
leumdung und der Zusammenrottung zu prüfen und anzuwenden.

– Bei Tätern, die ihre feindliche Einstellung durch Ar-
beitsverweigerung demonstrieren, ist Paragraph 249
StGB (asoziales Verhalten) zu prüfen und anzuwenden.

– Verletzung der Erziehungspflicht (Paragraph 142
StGB) ist immer dann anzuwenden, wenn die Täter ihre
Kinder daran hindern, die Schule zu besuchen und die
Aussprachen der Organe der Volksbildung mit den Tä-
tern zu keinen Ergebnissen geführt haben.

Die Ermittlungen der o.g. Delikte müssen umfassend
und gründlich erfolgen. Es ist erforderlich, die Ermittlungen auf alle in Frage kommenden Tatbestände zu er-
strecken. Bei Fällen, wo eine Straftat sowohl Tatbestände
der Verbrechen gegen die DDR als auch Tatbestände der
allgemeinen Kriminalität verletzt, sollten die letzteren
zuerst angewandt werden. Bei den Staatsanwälten und
Richtern werden dazu Beratungen durchgeführt. Die politische und juristische Problematik dieser Verfahren er-

fordert ein enges Zusammenwirken der Sicherheits- und Justizorgane und eine konkrete Abstimmung mit den Bezirks- und Kreisleitungen.

3. In den Fällen, wo im Zusammenhang mit der Antragsstellung arbeitsrechtliche Fragen auftreten, wird folgendes vorgeschlagen:

– Eine Änderung oder Beendigung des Arbeitsrechtsverhältnisses allein wegen der Antragsstellung ist nicht zulässig, weil damit eine wirksame Auseinandersetzung im Arbeitskollektiv nicht möglich ist.

Wenn jedoch der Antragsteller Leitungsaufgaben zu erfüllen hat, mit Dienstgeheimnissen zu tun hat, durch seine Tätigkeit Verantwortung für die Erziehung ihm anvertrauter Kinder und Jugendlicher trägt oder in volkswirtschaftlich wichtigen Produktionsanlagen arbeitet, ist zu prüfen, ob die Beendigung oder die Änderung des Arbeitsrechtsverhältnisses notwendig ist.

– Kommt es zu einem arbeitsrechtlichen Verfahren, darf im Urteil die Tatsache der Antragsstellung nicht als Begründung angegeben werden.

Auszüge aus Einbürgerungsanträgen

Einwanderungsland DDR

Als Einwanderungsland rangierte die DDR auf den hinteren Plätzen. Mit den Eingabeanalysen erhielt Erich Honecker mitunter auch Auszüge aus Einbürgerungsanträgen.

M.B. aus Bad Homburg , 20. März 1980: Ich möchte Bürger der DDR werden, weil ich mit den politischen und gesellschaftlichen Verhältnissen in der BRD nicht zufrieden bin. In der DDR werden den Bürgern alle Rechte gegeben sowie das Recht auf Arbeit und Erholung und ich würde gerne meine ganze Kraft für den weiteren Aufbau des Staates einsetzen.

W.Sch. aus Wittlich, 28. Juli 1980: Ich bin in Halle geboren und lebe leider schon zehn Jahre in der BRD; aber es ist nicht so, wie man immer behauptet, daß die BRD der goldene Westen sei. Es ist ganz das Gegenteil vom goldenen Westen. Ich kann es deshalb nicht verstehen, daß junge Menschen, die in einem so freien und ehrlichen Staat leben, diesen verlassen wollen und somit in ihr Unglück laufen wollen, wo sie es doch im Arbeiter-und-Bauern-Staat, der DDR, besser haben als hier im verlogenen goldenen Westen. Darum möchte ich mit meiner Frau und den Kindern in das Land meiner Geburt zurückkehren.

F.S. aus Lünen, 27. Mai 1980: Nachdem ich den Egoismus der westlichen Welt kennengelernt habe, wäre mein größter Wunsch, wieder heimzukehren.

S.W. aus Wuppertal, 26. März 1980: Schon nach kurzer Zeit mußten wir feststellen, daß wir uns nicht umstellen, eingewöhnen und einleben können. Uns ist restlos klar geworden, daß wir außerstande sind, außerhalb der DDR zu leben, trotz Bindungen zu den Verwandten. Wir bereuen unseren Schritt auf das Tiefste und bitten inständig, wieder in die DDR zurückkehren zu dürfen.

R.B. aus West-Berlin, 28. April 1980: Ich bin mit meiner Mutter 1976 nach West-Berlin übergesiedelt. Da ich mich noch nie in diesen Verhältnissen wohlgefühlt habe, möchte ich jetzt zurück.

Horst Dohlus, 16. November 1987

Ausreisewillige

Horst Dohlus, geboren 1925, Friseur. 1943 bis 1945 Soldat der Wehrmacht. Seit 1946 SED-Mitglied, Bergarbeiter in Wismut, 1960 bis 1986 Leiter der Abteilung Parteiorgane im ZK der SED. Seit 1963, 1980 Politbüromitglied. 1990 Parteiausschluß aus der SED/PDS, seither Rentner.

Werter Genosse Honecker! In der Anlage übersende ich Dir eine Information der Bezirksleitung der SED Dresden über ein besonderes Vorkommnis. (...) Am 14. November 1987, gegen 10.30 Uhr, kam es zu einer Ansammlung von circa 150 Personen am Untermarkt in Görlitz. Durch sofort wirksam gewordene Maßnahmen der Volkspolizei (Ausweiskontrolle) wurde die Ansammlung gegen 11.30 Uhr aufgelöst. Bisher wurden 125 dieser Personen als Übersiedlungsersuchende ermittelt. Das Sekretariat der Kreisleitung Görlitz legte am 16. November 1987 die Durchführung politischer Gespräche mit den betreffenden Personen unter Einbeziehung der Mitarbeiter der Kreisleitung und der hauptamtlichen Parteisekretäre sowie der staatlichen Leitungen der jeweiligen Betriebe und Einrichtungen fest. Durch den Ersten Sekretär der Bezirksleitung, Genossen Modrow, wurde der Leiter der Abteilung Sicherheitsfragen der Bezirksleitung und der Stellvertretende Vorsitzende des Rates des Bezirkes für Inneres beauftragt, an Ort und Stelle Einfluß auf die politische Auswertung dieses Vorkommnisses und die Führung der gesellschaftlichen Kräfte zu nehmen, um Übersiedlungsersuchen wirkungsvoller zurückzudrängen und die Wiederholung ähnlicher Handlungen zu verhindern. Mit sozialistischem Gruß

Egon Krenz, 2. Februar 1988

AUSREISEUNWILLIGE

Am 17. Januar 1988 versuchte eine kleine Gruppe von Bür-
gerrechtlern in Ost-Berlin an der Gedenkdemonstration für
Rosa Luxemburg und Karl Liebknecht teilzunehmen, um die
Freiheit der Andersdenkenden in der DDR einzufordern. Die
SED dachte anders, die Bürgerrechtler wurden festgenom-
men. Krenz übersandte Honecker dazu den folgenden Text,
den das Politbüro am 2. Februar 1988 beschloß und als Infor-
mation den Grundorganisationen der SED übermittelte, da-
mit auch die einfachen Parteimitglieder die Hetze der westli-
chen Medien richtig erkennen konnten.

Wie aus Veröffentlichungen der Presse bekannt ist,
wurden durch die zuständigen Organe der DDR mehrere
Personen wegen des begründeten Verdachts auf landesverräterische Beziehungen festgenommen. Gegen sie
wurden Ermittlungsverfahren eingeleitet. Es handelt sich
dabei um Ralf Hirsch, Wolfgang und Regina Templin,
Bärbel Bohley, Stefan Krawczyk, Freya Klier und Werner Fischer.

Bei den Festgenommenen geht es um Personen mit
einer feindlichen Einstellung zur sozialistischen Gesellschaftsordnung in der Deutschen Demokratischen Republik. Seit längerer Zeit traten sie mehrfach und zunehmend intensiver mit offenen Angriffen gegen die Staats-
und Rechtsordnung der DDR in Erscheinung, begingen
sie landesverräterische Tätigkeit. Ihr erklärtes Ziel bestand darin, die verfassungsmäßigen Grundlagen der
DDR, insbesondere die führende Rolle der Partei, anzu-
greifen, unsere revolutionären Errungenschaften zu ne-
gieren, die Friedens- und Dialogpolitik der DDR interna-
tional in Mißkredit zu bringen und zum Widerstand

gegen die gesellschaftlichen Verhältnisse in der DDR aufzuwiegeln.

Grundlage für ihre Festnahme sind die im Strafgesetzbuch der DDR enthaltenen Landesverratsdelikte. (...)

Die bisherigen Untersuchungen erbrachten den Nachweis über das enge, langfristig abgestimmte und koordinierte Zusammenwirken der Festgenommenen mit geheimdienstlich gesteuerten Kreisen und anderen antikommunistischen Kräften in der BRD und Berlin (West). Zu ihren Verbindungspersonen zählen Leute wie Roland Jahn und Jürgen Fuchs in Westberlin, die vor Jahren die DDR verrieten, ins Lager des Gegners überwechselten und seitdem versuchen, von außen eine sogenannte »innere Opposition in der DDR« zu organisieren. (...)

Bei ihrer subversiven Tätigkeit scheuen diese Kräfte auch nicht davor zurück, die verfassungsmäßig gesicherte Religionsfreiheit in den Kirchen der DDR für antisozialistische Aktivitäten zu mißbrauchen. Dabei sollen die staatlichen Organe durch demonstrative und öffentlichkeitswirksame Aktionen unter Druck gesetzt und »Freiräume« für feindliche Handlungen geschaffen werden. Zwischen Staat und Kirche soll auf diese Weise eine Konfrontation herbeigeführt werden. Diese Bestrebungen werden von der überwiegenden Mehrheit der kirchlichen Amtsträger und religiös gebundenen Bürger zu Recht abgelehnt. (...)

Zu den feindlichen Aktivitäten gehörte auch die vom Gegner unter maßgeblicher Mitwirkung der jetzt Inhaftierten vorbereitete Provokation anläßlich der Kampfdemonstration der Berliner Werktätigen zu Ehren von Karl Liebknecht und Rosa Luxemburg am 17. Januar 1988. Mit ihr wurde das Ziel verfolgt, den Handlungsspielraum »oppositioneller« Kräfte auszuweiten und gesetzwidrige Forderungen öffentlichkeitswirksam zu erheben. Dabei sollte das revolutionäre Vermächtnis von Karl Liebknecht und Rosa Luxemburg entstellt und für feindliche Zwecke mißbraucht werden. (...) Wegen der Teilnahme an dieser Zusammenrottung wurden insgesamt zehn Personen zu Freiheitsstrafen zwischen sechs Monaten und einem Jahr verurteilt.

Weitere 53 Beteiligte, die bereits in der Vergangenheit den Bruch mit unserem sozialistischen Vaterland vollzogen hatten, wurden – nach Klärung aller Umstände – aus der Staatsbürgerschaft der DDR entlassen.

Die nunmehr fast vierzigjährige Geschichte der DDR ist zugleich die Geschichte des vertrauensvollen Miteinanders aller Klassen, Schichten und sozialen Gruppen unseres Volkes. Bei uns kommen die Früchte der gemeinsamen Arbeit allen zugute. Es bleibt bei dem, was Genosse Erich Honecker am 6. Februar 1987 vor den Ersten Sekretären der Kreisleitungen der SED sagte: »Der Sozialismus braucht alle und hat Platz für alle. Die sozialen und kulturellen Rechte sind nicht nur ›kollektivistische Prinzipien‹, wie der Gegner oft behauptet, sondern reale Möglichkeiten für jeden einzelnen, ein sinnvolles Leben in sozialer Sicherheit und Geborgenheit zu gestalten.«

Dr. sc. med. Peter S. aus G., 1. Juli 1988

Von der Sowjetunion lernen

Sehr geehrter Herr Honecker! Von der Sowjetunion lernen, heißt siegen lernen, haben wir nicht nur unzählige Male in Schule und Hochschule, sondern auch aus Ihrem Munde gehört. Der Bruderbund mit der Sowjetunion wurde uns immer als einer der entscheidenden historischen Stützpfeiler des Sozialismus auch in unserem Lande dargestellt. Nun lesen wir in der Presse der SU, von der »Isvestija« bis zum »Sputnik«, von Fehlern, die in der SU gemacht wurden, und keinen leichten, sondern schweren Fehlern: Vom Machtmißbrauch, Bürokratismus und anderen schweren Verstößen gegen die leninschen Normen bis zum Einmarsch in Afghanistan und der SS-20-Stationierung.

Ich rede hier noch gar nicht von den Fehlern der Stalin-Zeit, die bis zum Verbrechen gegangen sein sollen, obwohl Sie damals schon im ZK der SED waren und die Frage erlaubt sein müßte, ob Sie davon gewußt und wie Sie darauf reagiert haben. Ich rede von den Fehlern danach.

Sie waren zur Zeit Leonid Breschnews auch Hauptträger des Bruderbundes zur SU. Und gerade Breschnew werden jetzt schwere politische Fehler nachgewiesen, die für die SU und das ganze sozialistische Lager von nachhaltigen Folgen waren: Bürokratismus, Mängel in der Wirtschaft, Mängel in der Demokratie. (…)

Als verantwortungsbewußter Bürger der DDR muß ich daher meine Fragen an Sie richten. Ich müßte diese Fragen an viele Mitglieder des ZK richten. Wenn ich sie trotzdem Ihnen alleine stelle, dann hoffe ich, daß sie von Ihnen mit denen diskutiert werden, die sie auch betreffen. Ich gehe davon aus, daß die kritische Anfrage, auch wenn sie wehtut, etwas zutiefst Konstruktives und Menschliches ist.

Ich frage als Freund und nicht als Feind. 1. Sie müßten als erster und auch informiertester Mann der DDR-Politik von den Fehlern der SU gewußt haben. Wenn Sie davon gewußt haben, warum haben Sie dazu in der Öffentlichkeit geschwiegen? Ich habe Ihre in jener Zeit gehaltenen und in den Presseorganen abgedruckten Reden vergeblich nach einem kritischen Wort durchsucht. Ich habe nur Lob und Preis gefunden. Was ist das für eine Freundschaft, in der nur gelobt und gepriesen und nicht kritisiert wird? Wollen Sie, Herr Vorsitzender, bei Ihrem Schweigen zu den politischen Fehlern der SU bleiben?

2. Als entscheidender Verbündeter tragen und trugen Sie Mitverantwortung für die Politik der SU. »Die Verantwortung für die Fehler der sechziger und siebziger Jahre hat das ZK der KPdSU offen übernommen. Eine solche Selbstkritik hat es noch nie gegeben« (aus: APN-Bulletin-Globus). Haben Sie nicht ebenfalls einen Teil der Verantwortung mitzuübernehmen und einen Teil der Selbstkritik? Und wäre es nur der Teil Ihrer kritiklosen Akklamation?

3. Es ist kaum vorstellbar, daß in über vierzig Jahren nahtloser gemeinsamer Politik von SU und DDR nicht auch gemeinsame Fehler gemacht wurden. Wo bleibt die Diagnostik dieser Fehler bei uns? Nach Lenin ist das Verhalten der Partei zu ihren Fehlern das Hauptkriterium ihrer Reife. In einem Staat ohne hörbare Opposition muß die Partei auch ihre Fehler selbst finden. Wie lange wollen Sie auf die Hilfe der Öffentlichkeit und der Medien in unserem Land verzichten? Warum hören wir ausgerechnet jetzt, wo sich dieser Prozeß der SU deutlich anbahnt, auf, von ihr zu lernen?

Stalin und Breschnew mußten erst tot sein, bevor man es wagte, sie offen zu kritisieren. Es wäre gut, wenn es bei Ihnen, Herr Vorsitzender, nicht so käme.

In den Unterlagen Honeckers ist dem Schreiben ein roter Zettel angeheftet, auf dem vermerkt ist: »Original am 8.7. an Gen. E. Mielke.«

Товарищу Эриху ХОНЕККЕРУ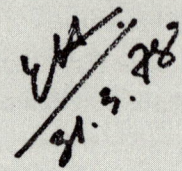

Дорогой Эрих!

Как и в прошлые годы, я и мои товарищи хотели бы пригласить тебя и твоих близких в нашу страну на отдых. Разумеется, ты сможешь провести свой отпуск у нас там, где пожелаешь, и в удобное для тебя время. Будет сделано все возможное, чтобы ты смог хорошо отдохнуть и, если пожелаешь, поближе ознакомиться с нашей страной.

С дружеским приветом и пожеланиями успехов в работе тебе и твоим товарищам.

Л. БРЕЖНЕВ

26 марта 1978 года

Einladung von Breschnew (26. März 1978) an Honecker
(»Dich und Deine Nächsten«), den Urlaub in der Sowjetunion zu verbringen.

Der Bachchor Weimar, 10. Dezember 1986

Da capo – Per tutti!

Sehr geehrter Herr Staatsratsvorsitzender! Der Bachchor Weimar erlaubt sich, Ihnen mit diesem Schreiben einen Dank und einen Gruß zu überbringen.

Wir sind von unserer Besuchsreise nach Norderney – BRD – in unsere schöne Thüringer Heimat zurückgekehrt und haben eine Fülle von Eindrücken mitgenommen. In Norderney haben wir beim Singkreis »Pro Musica« eine außerordentlich herzliche Aufnahme gefunden, so wie wir sie im März dieses Jahres den Sängerinnen von »Pro Musica« bei ihrem Besuch in Weimar auch gewährt hatten. Wir waren uns alle dessen bewußt, daß Sie, sehr geehrter Herr Staatsratsvorsitzender, mit der Zustimmung zur Besuchsreise nach Norderney in uns ein großes Vertrauen gesetzt haben und wir möchten uns dafür bei Ihnen herzlich bedanken.

Wir durften beweisen, daß der Bachchor Weimar dieses Vertrauen rechtfertigen kann. Zu jeder Zeit haben wir gespürt, daß wir nicht nur als ein Kirchenchor im allgemeinen, sondern als ein Kirchenchor aus Weimar, als ein Kirchenchor aus der Deutschen Demokratischen Republik empfangen und angesehen worden sind.

Unser Konzert in der Inselkirche zu Norderney, eine Geistliche Abendmusik, wurde von den etwa 600 Zuhörern mit Begeisterung aufgenommen. Ebenso hat die musikalische Ausgestaltung eines Gottesdienstes in der Gemeinde tiefe innere Bewegung ausgelöst.

Der ungeteilte Anklang, den unser Auftreten gefunden hat, erfüllt uns mit Freude und Stolz, sehen wir doch darin unsere Mühen in der Vorbereitung der Reise reichlich belohnt.

Wir haben die Hoffnung, daß auch diejenigen Mitglieder unseres Chores, die keine Genehmigung zur Ausreise erhielten, da verschiedene gesetzliche Regelungen diesem noch entgegenstanden, einmal im Rahmen einer ähnlichen Begegnung Gelegenheit bekommen, Vertrauen beweisen zu können.

Mit großer Freude haben wir daher die Kunde aufgenommen, daß es in der Stadt Trier, mit der sich zu Weimar soeben Partnerschaftsbeziehungen anbahnen, ebenfalls einen Bachchor gibt!

Unseren Dank und Gruß an Sie, sehr geehrter Herr Staatsratsvorsitzender, möchten wir abschließen mit der 1. Strophe des Grußliedes, das uns auf unserer gesamten Reise begleitet hat: »Zuvor so laßt uns grüßen / von Herzen was von Herzen singt. / Ein Band soll uns umschliessen, / das sich um Land und Lande schlingt. / Ein frischer Mut sei unsre Zier, / also getrost und fröhlich singen wir.«

[Es folgen 54 Unterschriften]

Berliner Singakademie, 30. Juni 1989

ABSAGE EINER KONZERTREISE

Sehr geehrter Herr Vorsitzender des Staatsrates, wir wenden uns an Sie, weil wir mit jener Entscheidung, die vor wenigen Tagen im Ministerium für Kultur getroffen wurde und die Absage einer Konzertreise der Berliner Singakademie nach Frankreich beinhaltet, nicht einverstanden sind. Unser Chor wurde von der französischen Chorvereinigung »A Cœur Joie« eingeladen, an ihrem internationalen Chorfestival vom 2. bis 10. August 1989 in Vaison la Romaine teilzunehmen. Neben der Mitwirkung an Beethovens IX. Sinfonie und A-cappella-Konzerten sollen wir dort Brecht/Eislers Kantate »Die Mutter« aufführen, und darüber hinaus die Chöre aus dieser

Kantate mit französischen Chorsängern einstudieren. Daß wir eingeladen wurden, liegt daran, daß uns die Funktionäre der französischen Chororganisation mit einem Eisler-Konzert und der »Mutter« vor einiger Zeit gehört haben. Die Veranstalter wollen dieses Stück in ihr Programm aufnehmen, weil ihre diesjährige Konzeption selbstverständlich die Gedanken der Großen Französischen Revolution sowie deren Weiterführung akzentuiert. Wir sehen in dieser Einladung daher nicht nur eine künstlerische, sondern ebenso eine politische Verpflichtung. Desto unverständlicher ist uns das Nein und die dazu gegebene Erklärung, die Reisefähigkeit des Chores sei nicht gegeben, die Zustimmungserklärungen der Kaderleitungen der Betriebe, in denen die Chormitglieder beschäftigt sind, seien teilweise unzureichend. Wir halten das für einen fadenscheinigen Vorwand, der keineswegs zu akzeptieren ist. Daß die Mitglieder der Berliner Singakademie keine bestätigten Reisekader sind, wußten alle von vornherein, und die Zustimmungserklärungen der Betriebe liegen dem Ministerium seit Mitte April vor.

Es war also Zeit, die Unzulänglichkeiten zu beseitigen.

In einem anderen Zuammenhang wird für uns die Ablehnung noch unverständlicher. Wir würden gern wissen, warum Kirchenchöre von unseren Organen die Genehmigung erhalten, Konzerte in der BRD und anderen kapitalistischen Staaten geben zu können, und wir nicht. Wieso sind solche Chöre reisefähig? Es ist doch kaum davon auszugehen, daß deren Mitglieder bestätigte Reisekader sind. Und welche Schlußfolgerungen soll man denn aus diesen gravierenden Unterschieden ziehen?

Ist die Berliner Singakademie, die sich seit ihrer Wiedergründung im Jahre 1963 bemüht, ihre nun fast 300-jährige Tradition (Zelter, Mendelssohn) in unserem Land weiterzuführen, die damals wie heute einen aktiven Beitrag zum Musikleben Berlins leistet, die sich bemüht,

Akzente zu setzen, wie zum Beispiel das Werk Hanns
Eislers zu pflegen, und die zu den Spitzenchören der
DDR zählt, unwürdiger als der Berliner Domchor?

Über den ideellen und moralischen Schaden, den die
Ablehnung bei den Chorsängern und beim französischen
Veranstalter sowie in der internationalen Chorszene her-
vorruft, erübrigt sich zu sprechen.

Wir möchten sie, sehr geehrter Herr Vorsitzender, bitten, den bereits ausgewählten sechzig Chormitgliedern
der Berliner Singakademie zu genehmigen, daß sie an
dem Internationalen Chorfestival in Vaison teilnehmen
und die DDR als Musikland repräsentieren können. Wir
danken Ihnen, daß Sie uns zugehört haben und verblei-
ben mit vorzüglicher Hochachtung

Udo Lindenberg, 23. Juni 1987

Nachtigall will singen

*Lindenberg, geboren 1946. Nach einer Kellnerlehre wandte
er sich dem Jazzrock zu und spielte als Schlagzeuger u.a. bei
Klaus Doldingers Band »Passport«. 1972 gründete er sein
»Panikorchester«. 1989 erhielt er sowohl das Bundesver-
dienstkreuz als auch den DDR-Orden »Aktivist der sozialistischen Arbeit«. Als Erich Honecker 1987 die alte Bundesrepublik besuchte, schenkte ihm Udo Lindenberg, der sich gern als
Nachtigall bezeichnet, eine Lederjacke. Honecker revanchier-
te sich mit einer Schalmei.*

Lieber Erich Honecker, ♡ lichen Dank für Ihren Brief
und die tolle Schalmei. Ich freue mich sehr und werde
auf meiner nächsten LP als Gruß an Sie ein paar Töne
auf diesem wunderbaren Instrument spielen. Die Aukti-
onsidee mit der Lederjacke find ich absolut gut. Eine or-

dentliche Rock'n Roll Jacke hab ich sowieso jederzeit parat. Ich hoffe sooooooooo sehr, daß wir irgendwann gemeinsam ein Rock-Konzert mit der Nachtigall in der DDR erleben können. Alles Gute, Frieden, Freundschaft u. Abrüstung

Die Nachtigall ist laut Steinbachs Naturführer ein Sommervogel, sie streunt gerne umher, überwintert im afrikanischen Regenwald und kehrt erst Ende April nach Europa zurück. Der Gesang der Nachtigall klingt silberhell, bald flötend, bald klagend und besonders feurig in der Abenddämmerung. Befindet sich im Revier eine gut singende Nachtigall, steigt auch das Niveau der anderen Vögel, während umgekehrt im Falle des Todes der Vortrag der anderen Tiere ärmlicher wird. Nach Osten hin gerät die Sangeskunst der Nachtigall mancherorts recht eintönig, aber laut. Ab Ende Juni verstummt die Nachtigall.

Egon Krenz, 12. Oktober 1987

ICK HÖR DIR TRAPSEN

Lieber Genosse Erich Honecker! Zu dem mir von Dir übergebenen Brief von Udo Lindenberg möchte ich folgende Gedanken vortragen:

1. Was spricht für einen Auftritt von Udo Lindenberg in Berlin und Dresden?

– Udo Lindenberg hat jahrelang auf ein Freiluftkonzert in der DDR hingearbeitet. Er nutzte dafür sowohl BRD-Medien als auch die Fürsprache von Politikern der BRD (Oskar Lafontaine). Wiederholt hat er diesen Wunsch auch in Briefen an Dich ausgedrückt. Er suchte den Kontakt zu Dir während Deines Besuches in der BRD. Im BRD-Fernsehen wurde diese Begegnung übertragen. So gibt es unter nicht wenigen Jugendlichen der DDR eine Erwartungshaltung. Sie rechnen mit einem Kommen von Udo Lindenberg. Diese Erwartungshaltung wird von Lindenberg über die Westmedien weiter geschürt.

– Der Auftritt Lindenbergs gemeinsam mit Rock-Musikern aus der UdSSR (Alla Pugatschowa), aus der DDR und möglicherweise aus den USA könnte als Friedenskonzert konzipiert werden, mit dem noch einmal im Sinne der Losung »Rock für den Frieden« auf die Bedeutung des Abkommens über die Mittelstreckenraketen hingewiesen werden könnte.

– Mit dem Konzert würde unterstrichen, was Du in einem Brief an Lindenberg geschrieben hast: »Die DDR ist nicht nur ein jugendfreundliches, sondern auch ein rockfreundliches Land.« Es könnte ein Schlußpunkt unter die ewigen Bemühungen Lindenbergs gesetzt werden, auszuprobieren, ob er in der DDR ein Freiluftkonzert bekommt oder nicht.

2. Was spricht gegen Freiluftkonzerte Udo Lindenbergs in der DDR?

– Ein Open-Air-Konzert (ein Konzert in einem Saal lehnt Lindenberg ab) in Berlin würde mindestens 100.000 bis 120.000 Zuschauer anziehen. Die Insel der Jugend wäre dafür zu klein. Geprüft werden könnte die Rennbahn in Karlshorst.

– Das Lindenberg-Publikum unterscheidet sich in vielem prinzipiell vom Publikum bisheriger Rock-Veranstaltungen, z.B. Bob Dylan, Peter Maffai. Unter ihnen sind sowohl Rockfreunde (vor allem jüngerer Jahrgänge), aber auch nicht wenige Jugendliche, die durch seine Musik und seinen Habitus zu unkontrolliertem politischen und rowdyhaften Verhalten angeregt werden. Dadurch sind Teile dieses Publikums politisch nicht einfach zu beherrschen. Es besteht durchaus das Risiko zu politischen Provokationen, die auch – wenn sie nur vereinzelt auftreten – von den Westmedien ausgeschlachtet bzw. sogar geschürt werden.

(Es ist kaum damit zu rechnen, daß Lindenberg sich einverstanden erklären würde, ohne Westmedien Konzerte durchzuführen.)

– Ein Konzert unter dem Motto »Gitarren statt Knarren – Für eine atomwaffenfreie Welt im Jahre 2000« würde im FDJ-Aktiv und vor allem auch unter jungen Soldaten viele Fragen auslösen. Auch kann man die inhaltliche Nähe zu dem Motto »Schwerter zu Pflugscharen« nicht übersehen. Selbst bei bester ideologischer Vorbereitung erhielte die FDJ viele Fragen von nicht mehr jungen Bürgern, wozu eine solche Veranstaltung notwendig ist.

– Das Lindenberg-Repertoire ist politisch sehr widersprüchlich. Selbst wenn wir über die pazifistischen Aussagen hinwegsehen würden und kompromißbereit wären, ist nicht auszuschließen, daß er auch Lieder singt, die sich gegen die DDR richten und die »gesamtdeutsche Tendenzen« haben, z.B. »Rock'n Roll Arena in Jena« und »Mädchen in Ostberlin«. In zwei Liedern kommen auch Zeilen über die Mauer vor, »die auch noch weg muß«. Auch wird von »Minenfeldern« geredet, die man überwinden muß, wenn man in die DDR will. Selbst wenn man sich mit Lindenberg einigen kann, daß er diese Lieder nicht singt, ist dies aufgrund seiner Unberechenbarkeit keine Garantie. Hinzu kommt, daß bei 100.000 und mehr Zuschauern nicht ausgeschlossen werden kann, daß kleine Gruppen nach Titeln rufen, die er dann singt.

– Die jetzt vorgeschlagenen Termine sind für die FDJ äußerst ungünstig. Am 31. Oktober 1987 findet in Berlin am Lenin-Platz die zentrale Manifestation der FDJ zum 70. Jahrestag der Oktober-Revolution statt.

3. Ich schlage vor, daß der Zentralrat der FDJ über einen Beauftragten Udo Lindenberg mitteilt, daß Du seinen Brief dem Zentralrat der FDJ zur Prüfung überge-

ben hast. Der Zentralrat der FDJ bittet Udo Lindenberg um Verständnis, daß man ein solches Vorhaben langfristig planen muß. In diesem Jahr gibt es keine Realisierungsmöglichkeiten.

– Falls wir uns für einen Auftritt entscheiden, dann müßte von Udo Lindenberg erwartet werden,

– die Veränderung des Themas, es könnte lauten: »Rock für den Frieden – für eine atomwaffenfreie Welt im Jahre 2000«.

Es müßte ein exakter Vertrag über die Titel gemacht werden, die er singt (feststehendes Programm, das er nicht eigenmächtig verändern kann).

– Es müßte ein anderer Termin gefunden werden. Am günstigsten wäre ein Wochentag nicht vor Mitte November. Mit sozialistischem Gruß

Lindenbergs Auftritt in der DDR kam erst nach dem Sturz seines Brieffreundes zustande. Die Lederjacke hat die FDJ noch zugunsten der südafrikanischen Befreiungsorganisation African National Congress (ANC) versteigert. An den ANC, der mittlerweile in Südafrika regiert, flossen seinerzeit beträchtliche Mittel.

African National Congress

(south africa)

·

Office of the President

P.O. Box 1791,
LUSAKA,
Zambia.

16 March, 1979.

Comrade Erich Honecker,
General Secretary of the Central Committee
of the Socialist Unity Party of Germany
and Chairman of the Council of State
of the German Democratic Republic.
B E R L I N.

Dear Comrade Honecker,

The National Executive Committee on behalf of the African
National Congress of South Africa have asked me to express the
pleasure of our entire Movement and people at your highly
successful visit to Southern Africa. It was an outstanding
victory for progress.

We recall with deep gratitude the presentation in Maputo
of the Certificate of Donation of solidarity goods to the value
of 5 Million Marks which I had the honour to receive from you on
behalf of our Movement. This magnificent internationalist gesture
is a vivid affirmation of the close and indissoluble ties which
bind our two peoples together in a common cause. It will greatly
fortify us in our momentous struggle for national liberation and
social emancipation.

The effects of such militant solidarity will not fail to
reach out to the furthest corners of our land and inspire all
within it to fight for national independence and social progress.

Long Live the Central Committee of the SED!
Long Live the German Democratic Republic!

O. R. Tambo,
President
African National Congress.

Mitschnitte von Telefongesprächen

HALLO HIER HONECKER III

Helmut Schmidt bat Erich Honecker in den siebziger Jahren immer wieder um ein Treffen. Doch der erhielt dafür nicht die Erlaubnis. In ihrer Not erdachten die beiden zufällige oder geheime Treffpunkte.

Gespräch am 17. Oktober 1978 um 20.30 Uhr:

Sch.: (...) Ich würde Sie mal anregen, darüber nachzudenken, ob Sie nicht irgendwann mal ins Ausland müssen und man sich am dritten Ort trifft. Dann vermeidet man große Prestigeinvestitionen.

H.: Ja, das stimmt schon.

Sch.: Wie bitte?

H.: Das stimmt schon. Nun, wir werden sehen. Jetzt, zur Inthronisation des neuen Papstes werde ich nicht fahren.

Sch.: Werden Sie nicht fahren?

H.: Aber Herr Götting wird wohl fahren.

Sch.: Ja, ich werde wahrscheinlich hinfahren. Wenn ich irgend kann, werde ich da wieder hinfahren.

H.: Herr Götting wird fahren. Ich kann das leider nicht machen. Das werden sie verstehen, ja?

Sch.: Ja, naja, das verstehe ich schon. (...)

H.: Eine Segelpartie machen Sie ja jetzt nicht mehr, im Augenblick?

Sch.: Jetzt nicht mehr. Im Winter nicht mehr. Ich schließe aber nicht aus, daß wir im nächsten Sommer mit dem Segelboot vielleicht etwas machen.

H.: Das wäre nicht schlecht.

Sch.: Dann kann man auch den großen offiziellen Kram vermeiden, mit großem Bahnhof und so.

Gespräch am 28. November 1979: Sch.: (...) Wie ist denn das, wenn wir ohne Ankündigung, ohne daß jemand vorher etwas davon erfährt, zusammen Mittag essen?

H.: Können wir machen.

Sch.: Oder ist das eine Schnapsidee?

H.: Nein, kann man machen. Dann würde ich allerdings sagen, daß ich da meinen Freund, Sie wissen, wen ich meine, einschalte.

Sch.: Sie meinen den »Briefträger«?

H.: Ja, wegen dem Treffpunkt.

Sch.: Ja, würden Sie für möglich halten – ich meine, es wäre nicht ungewöhnlich, wenn ich mal einen Besuch machte bei unserer Ständigen Vertretung in Ostberlin – wenn ich da mal rüberfahre und Sie erfahren davon und sagen, kommen Sie doch mal vorbei oder so.

H.: Das würde ich nicht für zweckmäßig erachten.

Sch.: Wie bitte?

H.: Das würde ich nicht für zweckmäßig erachten. Ich würde es für zweckmäßig erachten, daß Sie sich mal die Hauptstadt ansehen, daß wir uns da mal treffen, bitte sehr.

Sch.: Wen ansehen?

H.: Daß wir uns einfach treffen irgendwo. Ich würde Sie dann entsprechend leiten lassen.

Sch.: Vielleicht ist Sonntag abend besser als Sonntag mittag.

H.: Ja, Sonntagabend.

Sch.: Denn ich sehe hier auf meinem Kalender, da habe ich schon meine Gremien hier, am Sonntag mittag hier.

H.: Am Sonntag mittag haben Sie schon Gremien?

Sch.: Ja, Sonntag mittag schon. Vormittags Parteivorstand und Parteirat. Parteirat sehe ich eben.

H.: Sonst hätte ich gesagt – Fahren Sie Auto?

Sch.: Ja.

H.: Über die Autobahn?

Sch.: Nein, ich komme mit dem Flugzeug. Aber ich habe sicherlich ein Auto zur Verfügung.

H.: Na, ich nahm an, Sie kommen über die Autobahn.

Sch.: Nein. (…)

H.: Ich glaube, die Fragen lassen sich alle lösen. Ehrlich gesagt, ich verspreche mir viel von einem Treffen, von einem kurzen Zusammentreffen. (…)

»Briefträger« war Wolfgang Vogel, Persönlicher Beauftragter des Staatsratsvorsitzenden und Rechtsanwalt.

Leonid Iljitsch Breschnew, 14. Oktober 1980
DER GROSSE BRUDER PASSTE AUF

Breschnew, 1906-1982. Seit 1957 Präsidiumsmitglied, 1966 Erster, seit 1966 Generalsekretär der KPdSU, 1977 bis 1983 auch offizieller Staatschef der Sowjetunion.

Lieber Erich, ich danke Dir für Deinen Brief vom 6. Oktober d.J.

Ich habe mich aufmerksam mit dem Schreiben H. Schmidts an Deine Adresse vertraut gemacht. Wie es zu sehen ist, ist der Bundeskanzler sehr daran interessiert, von Dir eine Zustimmung für die Vorbereitung und Durchführung bereits in der nächsten Zeit eines Treffens auf höchster Ebene zwischen den führenden Persönlichkeiten der DDR und der BRD zu erhalten. Die prinzipielle Seite dieser Frage ist von uns im Sommer auf der Krim besprochen worden. Damals haben wir vereinbart, wenn das Treffen zustande kommt, so wird in seinem Verlauf unsere abgestimmte Linie in Bezug auf die BRD, die Linie auf die Abgrenzung zweier deutscher Staaten und die Verengung von Kanälen für das feindliche Eindringen in die Republik selbstverständlich beibehalten. Ich glaube, daß wir mit Dir hier eine völlige Klarheit haben, und ich kann diesbezüglich nur die Genugtuung zum Ausdruck bringen.

Jetzt, was Termine anbetrifft. Uns scheint es, daß es unter heutigen Bedingungen kaum zweckmäßig ist, sich mit einer positiven Antwort auf Schmidts Vorschlag zu beeilen. Es ist eine Sache, als es darum ging, ein solches Treffen als Wahlkampfunterstützung für die regierende Koalition der BRD zu organisieren. Eine andere Sache ist es heute, da die Wahlen in der BRD bereits vorbei sind und sich die Positionen der SPD und der FDP im Land verstärkt haben. Jetzt ist es offensichtlich besser, ohne Eile den vom Standpunkt unserer gemeinsamen Interessen günstigsten Moment für den Besuch Schmidts in der BRD zu bestimmen.

Ich bin mit dem von Dir geäußerten Gedanken über die Zweckmäßigkeit einverstanden, auf entsprechender Ebene zwischen uns Konsultationen zu konkreten Fragen durchzuführen, die während des Treffens mit Schmidt besprochen werden können. Solche Konsultationen sind einfach notwendig.

So sind meine Gedanken, die ich Dir mitteilen möchte, Erich, indem ich auf Deinen Brief antworte. Ich hoffe, daß sie mit Deinen Überlegungen übereinstimmen. Mit kommunistischem Gruß

Helmut Schmidt, 22. Juni 1982

SWING

Helmut Schmidt, geboren 1918. Hobby-Pianist, Mitglied der
SPD seit 1946, 1947/48 Vorsitzender des Sozialistischen
Deutschen Studentenbundes (SDS) in der britischen Zone.
1962 als Hamburger Innensenator Koordinator des Katastro-
phenschutzes während der »Jahrhundert-Sturmflut«, 1969
Verteidigungsminister, 1972 Wirtschafts- und Finanzminister
im Kabinett Willy Brandts, dessen Nachfolge von 1974 bis
1982. Schmidt ist seit 1983 Mitherausgeber der ZEIT.

Sehr geehrter Herr Generalsekretär, die Bundesregierung hat große Anstrengungen unternommen, um die
am 18. Juni 1982 vereinbarten Regelungen zu ermöglichen. Sie hat dies im Interesse einer Weiterentwicklung
der Beziehungen zwischen den beiden deutschen Staaten
getan, obwohl die Ansätze aus dem Treffen am Werbel-
linsee für Verbesserungen noch nicht ausgeschöpft sind.

In diesem Zusammenhang möchte ich an das erinnern,
was ich auch in meiner letzten mündlichen Botschaft her-
ausgestellt habe, nämlich daß für die Bundesregierung
von ausschlaggebender Bedeutung ist, den drastischen
Rückgang des Reiseverkehrs durch eine substantielle
Korrektur der von der Regierung der Deutschen Demokratischen Republik verfügten Erhöhungen des Mindest-
umtausches zu beseitigen. Auch jetzt liegt mir fern, politische Bedingungen aufzubauen oder Druck auszuüben,
mir liegt daran, zu diesem Punkt noch einmal deutlich
zu machen, daß die Bundesregierung an dem Konzept
des Gesamtzusammenhangs der Beziehungen festhält.
Davon hat sich die Bundesregierung auch in der mündlichen Erklärung ihres Verhandlungsführers zum Swing
leiten lassen, wonach sie bereit ist, im Falle der substanti-
ellen Verbesserung der Gesamtbeziehungen die bis 1985

vereinbarte Regelung zu überprüfen. Die Bundesregierung geht davon aus, daß Verhandlungen und Gespräche in anderen Sachbereichen fortgesetzt werden, um Möglichkeiten für eine weitere vertragliche Ausgestaltung der Beziehungen zwischen den beiden deutschen Staaten auszuschöpfen. Mit freundlichen Grüßen Ihr ergebener

Dr. hc. Franz Josef Strauß, 19. Dezember 1983
ORIGINALE OBERAMMERGAUER SCHNITZEREI

Franz Josef Strauß, 1915-1988. Als Radsportler wurde Strauß 1934 süddeutscher Straßenmeister. Nach dem Studium der Geschichte, Germanistik, Latein, Griechisch, Archäologie und Volkswirtschaft 1939 Wehrdienst. 1948 bis 1952 Generalsekretär der CSU, 1949 Mitglied des Bundestages. 1953 Bundesminister für Sonderaufgaben. 1955 Atomminister, 1956 Verteidigungsminister, 1962 Rücktritt nach der Spiegel-Affäre. 1966 übernahm Strauß in der Großen Koalition das Finanzministerium. 1978 Ministerpräsident Bayerns, 1979 Kanzlerkandidat der CDU/CSU. Strauß sorgte 1983 für die Vergabe eines Milliardenkredits an die DDR.

An Dr. hc. Erich Honecker. Sehr geehrter Herr Staatsratsvorsitzender! Zum Weihnachtsfest und zum Übergang in das Jahr 1984 darf ich Ihnen meine besten Grüße entbieten und mit ihnen den Wunsch verbinden, daß nicht nur der Friede in Europa erhalten bleiben möge, sondern daß sich die Beziehungen zum Wohl der Menschen in Deutschland und im Sinne einer gedeihlichen Entwicklung gestalten mögen.

Wenn ich auch in manchen Kreisen der Bundesrepublik mißverstanden worden bin, als ich mich bemühte, eine Brücke für vernünftige Absprachen zu bauen, so weiß ich doch, daß dies der richtige Weg war. Ich hoffe, daß die Gespräche und Verhandlungen auch immer wieder vernünftige Lösungen und pragmatische Absprachen ergeben werden.

Als Zeichen der Hoffnung und der guten Wünsche darf ich Ihnen eine originale Oberammergauer Schnitzerei übermitteln, die ein für uns alle hoffnungsvolles Symbol darstellt, nämlich den reich beladenen Erntewagen.

Er bringt die Früchte des Feldes in die Scheunen, wo sie gedroschen und zu Brot für die Menschheit verwandelt werden. Ein reichlich beladener Erntewagen ist ein Symbol des Friedens, ohne dessen Erhaltung all unsere Vorstellungen und Wünsche gegenstandslos werden. Mit diesem Friedensgruß darf ich mein Schreiben an Sie beenden. Mit freundlichen Grüßen

Manfred Stolpe, 21. Oktober 1985

Informelle Mitarbeit

Manfred Stolpe, geboren 1936, Kirchenjurist, Konsistorialpräsident der Evangelischen Kirche Berlin-Brandenburgs. Seit 1990 Ministerpräsident von Brandenburg.

Sehr verehrter Herr Vorsitzender! Bei Gelegenheit einer Dienstreise nach Bonn traf ich Präsident von Weizsäcker. Er bat mich, Sie bei erster Gelegenheit – und das tue ich hiermit – herzlich zu grüßen! Herr v. W. hofft sehr, daß es bald zu einer Begegnung mit Ihnen kommt, Vorrang habe eine Reise von Ihnen in die BRD. Diese müsse störfrei und beiderseits erfolgreich sein.

Damit es jetzt keine Verstimmung bei seinem katholischen Kanzler gibt, nimmt Herr v. W. unsere evangelische Einladung zur Feier des Ediktes von Potsdam am

26. Oktober nicht an, wird also jetzt nicht in die DDR
kommen. Herr v. W. ist sicher, einen wirksamen positiven Einfluß zur Gestaltung Ihres eventuellen Besuches
nehmen zu können. Möge es gelingen! Mit vorzüglicher
Hochachtung!

Hans-Joachim Hoffmann, 11. Juni 1986
ÜBERALL NEUBAU

Hoffmann, 1929-1994, Elektromonteur, KPD/SED-Mitglied
seit 1945, 1973 bis 1989 Kulturminister der DDR.

Lieber Genosse Erich Honecker! Über den beiliegenden
Bericht hinaus möchte ich Dir als persönliche Information
noch einige Tatsachen und Eindrücke mitteilen, die ich in
zum Teil vertraulichen Gesprächen sammeln konnte.

1. Herr Dr. Beitz läßt Dich herzlich grüßen, er hat bei
allen sich bietenden Gelegenheiten mit großer Hochachtung von Dir gesprochen und auch öffentlich Dir mehrmals für die Ausstellung gedankt.

2. Bundespräsident von Weizsäcker läßt Dich herzlich
grüßen, er bedauert sehr, daß er so schnell und ganz gegen seinen Willen aus Berlin weg mußte, er habe sich vor
allem der Parteidisziplin gefügt.

Er werde alles tun, um die Politik der Verständigung
weiter zu treiben, natürlich müsse man die Möglichkeiten seines Amtes dabei sehen, die in Wirklichkeit viel
kleiner seien als man annimmt. Ich konnte aber auch aus
der Nähe beobachten, daß er bei den verschiedenen politischen Gruppierungen Sympathie, zumindest Hochachtung genießt.

3. Fast bei allen Persönlichkeiten hörte ich direkt oder
indirekt starke Vorbehalte, spöttische Bemerkungen und

zum Teil sogar scharfe Ablehnung des neuen USA-Botschafters und seiner Methoden. Viele fühlen sich durch ihn in ihren nationalen Gefühlen verletzt und bezeichnen ihn als neuen »Hohen Kommissar« oder als »Starfighter«. Aber auch der neue sowjetische Botschafter wird viel zu tun haben, um sich das nötige Vertrauen zu erwerben.

4. Wolff von Amerongen erklärte seine Bereitschaft, der UdSSR seine Erfahrungen mit den komplexen Problemen der Hochtechnologie zur Verfügung zu stellen. Es gibt bei ihm nicht nur handfeste ökonomische Interessen, sondern er glaubt, daß die schnelle Überwindung des täglichen Rückstandes in der UdSSR die etwas »übersteigerten Machtgelüste« der USA, wie er sagte, zurückdrängen könne. Allerdings wolle er sich nicht anbieten und auch nicht mit inkompetenten Leuten verhandeln. Wenn Genosse Gorbatschow ihn einladen würde, so wäre er dazu bereit.

5. Alle Leute, mit denen ich sprach, geben der SPD bei den nächsten Bundestagswahlen keine Chance, aber in den Städten und Ländern sind ihre Aussichten zumindest nicht schlechter geworden.

6. Ich möchte, wie bereits im Bericht geschehen, noch einmal betonen, daß sich auf dem Gebiet der Schul- und Hochschulbildung und auf kulturellem Gebiet wesentliche Prozesse vollziehen. Überall ist der Neubau von Theatern, Museen, Konzerthallen, die Entwicklung der Denkmalspflege und die intensive Heranführung der Jugend an die Geschichte und Kultur zu beobachten. Sie bezeichnen das als die notwendige Infrastruktur für die schnellere Entwicklung der Hochtechnologien, um das Zurückbleiben gegenüber den USA zu überwinden. Der Freizeit wird eine große Bedeutung beigemessen. Herr Dr. Beitz hat mir die Möglichkeit gegeben, zwei Stunden mit dem Hubschrauber über das Ruhrgebiet zu fliegen.

Sie haben die alte Industrielandschaft fast völlig zu einer Parklandschaft verwandelt, der Zustand der Häuser und Siedlungen ist beachtlich gut, und sie gehen immer mehr vom Bau von Hochhäusern ab. Die historischen Stadtkerne sind überall, wo ich war, in einen sehr guten Zustand versetzt worden.

7. Gestatte mir zum Schluß noch die Bemerkung, daß die räumlichen und finanziellen Möglichkeiten für unsere Ständige Vertretung in Bad Godesberg nicht besonders günstig sind. Natürlich geben sich unsere Genossen, besonders Genosse Ewald Moldt und seine Frau, große Mühe, um die ungünstigen Arbeitsbedingungen zu kaschieren, aber bei Vergleichen mit Vertretungen anderer Länder sind wir in einer ungünstigen Situation. Eine qualifizierte Möglichkeit, uns auf dem Gebiet von Wissenschaft, Literatur und Kunst zu präsentieren, gibt es eigentlich nicht. Ich glaube, hier wäre eine Veränderung in der nächsten Zeit angebracht.

Ansonsten kann ich Dir abschließend berichten, daß unsere Ausstellung, die bis 2. November 1986 geöffnet ist, sicherlich ein großer Erfolg wird. Sie wird bestimmt dazu beitragen, viele antikommunistische Klischees zu zerstören. Mehrere Bürger der BRD haben sich spontan bei mir bedankt und mich gebeten, Dich zu grüßen und Dir für diese Ausstellung zu danken. Mit sozialistischem Gruß

Bei der erwähnten Ausstellung handelte es sich um 659 Exponate des »Dresdner Barock« (1694-1763) aus verschiedenen Museen der DDR, die durch Vermittlung von Berthold Beitz in der Villa Hügel gezeigt wurden.

Willi Sitte · Hans-Joachim Hoffmann, 12. Juni 1987

Zukunftsgewisses Daseinsgefühl

Sitte, geboren 1921, 1944 bis 1945 Mitkämpfer bei italieni-
schen Partisanen, Maler, 1974 bis 1988 Professor an der
Hochschule für Bildende Künste in Dresden, 1986 bis 1989
Mitglied des ZK der SED.

Lieber Genosse Honecker! Wie beschlossen, wird die X. Kunstausstellung der DDR am 3. Oktober 1987 in Dresden feierlich eröffnet.

Das Parteiaktiv zur Vorbereitung der X. Kunstausstellung beriet am 9. Juni unter der Leitung der Genossin Ursula Ragwitz über die Ergebnisse der Auswahl in den Bezirken und der zentralen Auswahl in Dresden. Gemeinsam mit Mitgliedern des Präsidiums unseres Verbandes, mit den Genossen der Bezirksleitungen der SED, mit gesellschaftlichen Partnern – dem FDGB, der Nationalen Volksarmee, der FDJ u.a. – und mit Vertretern der zentralen Presse und der Massenmedien kamen wir in einer ersten Verständigung über die Ergebnisse dieser Auswahl zu der Überzeugung, daß die X. Kunstausstellung der DDR einen interessanten Gewinn an realistischen Haltungen und lebensverbundenen Kunstwerken bringen wird. Daran haben unsere gesellschaftlichen Partner einen gewachsenen Anteil, und wir stimmen mit ihnen in dieser ersten Wertung überein. Sie nutzten die ihnen im Beschluß zur Vorbereitung der X. Kunstausstellung gebotene Chance, das Gesicht dieser Ausstellung mitzuprägen.

Wir möchten Dich, die Genossen der Parteiführung und die Mitglieder des Staatsrates schon jetzt sehr herzlich zur Eröffnung der X. Kunstausstellung der DDR einladen. Wir erlauben uns, Dir die im Parteiaktiv vorgetragene erste Wertung der Auswahl beizulegen, damit

Du Dich über weitere Details informieren kannst. Mit sozialistischem Gruß

Aus der Anlage: »Der gegenwärtige erreichte Stand der Vorbereitung der X. Kunstausstellung der DDR entspricht den Orientierungen des Beschlusses des Politbüros des ZK der SED vom 5.11.85 und den im Maßnahmeplan festgelegten Arbeitschritten. (...) Die ausgewählten Werke der Plastik drücken nahezu ausnahmslos eine eindeutige Bejahung unseres Lebens im Sozialismus aus. Im Mittelpunkt der Kollektion stehen plastisch geformte Bilder von Menschen, die durch Aktivität, Selbstbewußtsein, Selbstbesinnung und Selbstbehauptung, Hinwendung zum Partner, Willen zur Gemeinsamkeit, Bereitschaft zur Meisterung von Schwierigkeiten und vielfach durch Freude am Leben geprägt sind. (...) Unter den von der Auswahlgruppe angenommenen Arbeiten befinden sich nur wenige Plastiken, die für unsere Bildhauerei neue Akzente in die Ausstellung tragen. Nicht aufgenommen wurden solche Werke vorwiegend jüngerer Bildhauer, die mit der in unserer Plastik traditionell gewachsenen realistischen Gestaltung von Lebensvorgängen sowie mit dem dominierenden Ausdruck von zukunftsgewissem Daseinsgefühl kaum noch etwas gemein haben, die beispielsweise mit den Mitteln des Surrealismus versuchen, den Betrachtern lediglich eine resignative, pessimistische Sicht auf heutige Lebensprozesse zu vermitteln.«

Ursula Ragwitz war Abteilungsleiterin Kultur des ZK der SED.

Berthold Beitz, 21. November 1988

WAIDMANNSDANK

Beitz, geboren 1913, Industriemanager. 1940 dienstverpflichtet als kaufmännischer Leiter der polnischen Ölproduktion, rettete Beitz jüdische und polnische Zwangsarbeiter vor der Deportation. 1953 Generalbevollmächtigter bei der Friedrich Krupp AG, 1970 bis 1989 Aufsichtsratsvorsitzender.

Sehr verehrter Herr Staatsratsvorsitzender, lieber Herr Honecker! Bitte erlauben Sie mir, Ihnen auch auf diesem Weg noch einmal sehr herzlich für Ihre freundliche Einladung nach Hubertusstock und für Ihre großzügige Gastfreundschaft zu danken. Ich habe es außerordentlich zu schätzen gewußt, daß Sie trotz Ihrer großen Beanspruchung ein Treffen ermöglichen konnten und wir Gelegenheit hatten, in der ruhigen und harmonischen Atmosphäre die uns bewegenden Themen zu erörtern. Ihre Aufgeschlossenheit und Ihr Interesse bedeuten mir Ansporn für die Zukunft.

Die hervorragend vorbereitete und organisierte Jagd in dem herrlichen Revier war – wie schon so oft – ein großes Vergnügen und eine willkommene Entspannung für mich. Mit wiederholtem Dank und mit allen guten Wünschen für Ihr persönliches Wohlergehen verbleibe ich Ihr Ihnen ergebener

Zu seinem 75. Geburtstag erhielt Berthold Beitz ein »wunderschönes Schachspiel aus Meißner Porzellan« (Dankschreiben v. 17. Oktober 1988), Else Beitz bedachte Honecker nach erfolgreicher Jagd in Hubertusstock mit einer »wundervollen Meißener Vase und herrlichen Chrysanthemen« (Dankschreiben vom 20. November 1988).

Erich Mielke, 11. September 1986

VERÄNDERUNG VON MODALITÄTEN

Mielke, geboren 1907, Speditionskaufmann. KPD seit 1925,
Reporter der »Roten Fahne«. Nach dem Polizistenmord am
Bülowplatz in Berlin 1931 Exil in der UdSSR, 1936 bis 1939
Internationale Brigaden, nach kurzer Internierung in Frank-
reich wieder in die UdSSR. SED-ZK seit 1950, 1957 Mini-
ster für Staatssicherheit, 1976 Politbüro der SED.

Lieber Erich! Als Anlage übersende ich die mit Genossen
Oskar Fischer und Genossen Otto Arndt abgestimmten
Vorschläge zu den Grundsätzen für die Veränderung von
Modalitäten bei der Beförderung von Flugpassagieren für
Bürger festgelegter Staaten nach Berlin-Schönefeld mit
der Bitte um Entscheidung.

Die Vorschläge gehen davon aus, zwischen den betreffenden Fluggesellschaften entsprechende Festlegungen zu
treffen, und führen zu keiner Veränderung des Rechts-
standpunktes der DDR. Die vorgeschlagenen Maßnahmen
sehen des weiteren vor, daß die »Interflug« mit der Realisierung der Festlegungen beginnt und danach »Aeroflot«
und weitere den Flughafen Berlin-Schönefeld anfliegende
Fluggesellschaften einbezogen werden.

Die Anwendung der vorgesehenen Maßnahmen auf
Bürger des Libanons, Irans und Ghanas geht von der
Überlegung aus, eventuelle Angriffe bezüglich einer Diskriminierung von Bürgern nur eines Staates zu verhindern, gleichzeitig jedoch einen erheblichen Anteil der
Personen (cirka sechzig Prozent) von den Festlegungen
zu erfassen.

Für den Fall, daß nicht alle Fluggesellschaften die in
Aussicht genommene Verfahrensweise einhalten, sollte
wie bisher Bürgern der festgelegten Staaten ein Transitvi-
sum der DDR in Berlin-Schönefeld erteilt und die Wei-

terreise nach Westberlin gestattet werden. Mit sozialistischem Gruß

*Aus der Anlage: »Die Werbung durch ›Interflug‹ in den drei genannten
Ländern für Flüge nach Berlin-Schönefeld ist so zu gestalten, daß eine
unmittelbare Bezugnahme auf Möglichkeiten der Weiterreise nach West-
berlin nicht mehr erfolgt.« Für die Unterbringung und Rückführung von
in Schönefeld eintreffenden Asylbewerbern seien vorbereitende Maßnahmen getroffen worden. Es sollten »provokativ-demonstrative und andere
auf die Erzwingung des Transits nach Westberlin oder gegen eine Rückführung gerichtete Handlungen vorbeugend verhindert (…) und eine Öf-
fentlichkeitswirksamkeit auf jeden Fall vermieden« werden. Die SED-
Spitze war 1985/86 sowohl von Vertretern der Bundesregierung als auch
der oppositionellen SPD um eine »Veränderung der Modalitäten« gebeten worden. Zwischen 1. Januar und 31. August waren rund 40.000 Asylsuchende über den Ost-Berliner Flughafen Schönefeld in die Bundesrepublik eingereist. Der damalige SPD-Kanzlerkandidat Johannes Rau durfte
am 18. September 1986 bekanntgeben, daß das Schlupfloch in der Mauer
verschlossen worden war.*

Antje Vollmer, 18. September 1986

EINE KLEINE TRADITION

*Antje Vollmer, geboren 1943, Pfarrerin, Bundestagsabgeord-
nete. Studium der Theologie, Pädagogik, Ökologie, Politik.
1984 Mitglied des Fraktionsvorstandes der Grünen im Bundestag.*

Sehr geehrter Herr Staatsratsvorsitzender, einer kleinen
»Tradition« entsprechend möchte ich Ihnen wieder einen
Artikel zu Ihrer Information und in der Hoffnung auf
Ihr Interesse zuschicken. Er behandelt wieder das leidige
und schwierige Bündnisthema mit einer nicht bündnisbe-
reiten SPD. Der Artikel ist in Teilen der Linken der SPD
ziemlich viel diskutiert worden und in Auszügen im
»Vorwärts« kurz vor dem Nürnberger Parteitag der SPD

abgedruckt worden. Zwei Wochen später ist dann der Chefredakteur zurückgetreten, was auch immer dafür die Ursache gewesen sein mag.

Für den Verlauf und die Ergebnisse unserer Delegationsreise in die DDR haben wir in der bundesrepublikanischen Öffentlichkeit eine große Aufmerksamkeit gefunden und nicht wenige Prügel bezogen. Was wir aber gewohnt sind. Ich möchte Sie auch meinerseits noch einmal ausdrücklich darum bitten, die Einreisebeschränkungen für alle Mitglieder der Grünen und der Alternativen gänzlich aufzuheben.

Gestatten Sie mir noch ein persönliches Nachwort nach den aktuellen Nachrichten am 18. September 1986: Ich glaube nicht, daß bei einer solchen Asylregelung mancher Jude, Kommunist und auch Sozialdemokrat die Zeiten der NS-Herrschaft überlebt hätte. Mußten Sie wirklich diesen gezielten reaktionären Formulierungen der bundesrepublikanischen Innenpolitik so entgegenkommen? Muß die SPD sich immer als bessere Ordnungsmacht profilieren? So schlägt das kurzfristig Opportune das zukünftig Wichtige tot. Wieviele Asylsuchende braucht man für die Angst vor der »Asylantenflut« – wieviele Chinesen für die »Gelbe Gefahr« – wieviele Kommunisten für die Kommunistenhatz? Es grüßt Sie mit freundlichen und grünen Grüßen

Antje Vollmer setzte sich im September 1984 als erstes Mitglied des Deutschen Bundestages für die berühmten Geraer Forderungen Erich Honeckers ein, indem sie »die Anerkennung der Realitäten« forderte, »wie sie in Deutschland entstanden sind: der zwei Staaten und der zwei Staatsbürgerschaften, der Grenze in der Mitte der Elbe, der gegenseitigen Botschaften; wir sind jedoch für die Beseitigung so anachronistischer Namen und Erscheinungen wie z.B. eines Ministeriums mit dem Namen 'innerdeutsch' und sinnloser Protokollfragen bei gegenseitigen Besuchen.« (Protokoll der 81. Sitzung des Bundestages)

DER MINISTERPRÄSIDENT DES SAARLANDES

AM LUDWIGSPLATZ 14
SAARBRÜCKEN, DEN   25. November 1985

Sehr geehrter Herr Staatsratsvorsitzender,

in angenehmer Erinnerung an meinen Besuch in der Deutschen
Demokratischen Republik möchte ich mich noch einmal für die
freundliche Aufnahme und den herzlichen Empfang vielmals bedanken. Ich darf hinzufügen, daß ich das mit Ihnen geführte
freimütige und konstruktive Gespräch als sehr nützlich empfunden habe und besonders zu schätzen weiß.

Ich hoffe, daß die Begegnung mit Ihnen zu einer weiteren
Stärkung des gegenseitigen Verständnisses und Vertrauens wie
auch zu einer engeren Zusammenarbeit beitragen wird.
Seien Sie versichert, daß die saarländische Landesregierung
alles tun wird, die Beziehungen und die Zusammenarbeit zwischen
den beiden deutschen Staaten zu fördern und weiter auszuge-
stalten.

Wie Sie wissen, sehr geehrter Herr Staatsratsvorsitzender, sind
Sie im Saarland immer herzlich willkommen.

Mit besten Empfehlungen und freundlichen Grüßen

BUNDESREPUBLIK DEUTSCHLAND   5300 Bonn, den 8. Januar 1985
  DER BUNDESKANZLER

An den
Generalsekretär des Zentralkomitees der
Sozialistischen Einheitspartei Deutschlands
und Vorsitzenden des Staatsrates der
Deutschen Demokratischen Republik
Herrn Erich Honecker

Berlin

Sehr geehrter Herr Generalsekretär,

während unseres Gespräches anläßlich der Beisetzungsfeier-
lichkeiten für Generalsekretär Andropow tauschten wir Er-
innerungen an gemeinsame Bekannte aus dem Saarland aus.
Wir sprachen dabei auch über die Eltern von Willi Graf,
der - gemeinsam mit den Angehörigen der "Weissen Rose" -
1943 in München-Stadelheim hingerichtet wurde. Sie be-
richteten von einem Briefwechsel mit der Schwester Willi
Grafs, Frau Anneliese Knoop-Graf.

In diesen Tagen erreichte mich die Briefsammlung aus dem
Nachlaß von Willi Graf. Diese Briefe, vor allem der Ab-
schiedsbrief vom Tage der Hinrichtung, haben mich tief
beeindruckt.

Ich erlaube mir, Ihnen beigefügt ein Exemplar des Brief-
bandes zu übersenden in der Hoffnung, daß er Ihr Interesse
findet.

                Mit freundlichen Grüßen

Anlage

Kim Il Sung, 7. Juli 1973

NIEMALS ZWEIGETEILT LEBEN

Kim Il Sung, 1912-1994. Seit 1927 Mitglied des kommuni-
stischen Jugendverbandes und 1931 der Kommunistischen
Partei, antijapanische Partisanenbewegung. 1941 Exil in der
Sowjetunion, 1945 Rückkehr mit der Roten Armee. 1947
Vorsitzender der provisorischen kommunistischen Regierung
Nordkoreas. Als Nordkorea 1950 versuchte, den Südteil des
Landes durch seine Truppen zu besetzen, kam es zur Inter-
vention der Vereinten Nationen, die mit der Teilung Koreas
endete. 1988 erschien der erste Band seiner auf zwanzig Bän-
de angelegten Darstellung koreanischer Musik.

Werter Genosse Erich Honecker! Hoch erfreut darüber,
daß sich die Beziehungen der Freundschaft und Zusammenarbeit zwischen den Parteien, Regierungen und Völkern unserer beiden Länder gut entwickeln, übermittle
ich Ihnen und durch Sie Ihrer Partei und Regierung sowie dem Volk der Deutschen Demokratischen Republik
die herzlichsten brüderlichen Grüße.

Ich möchte Ihnen, dem Zentralkomitee Ihrer Partei
und Ihrer Regierung den tiefen Dank dafür zum Ausdruck bringen, daß Ihr Land in Unterstützung der gros-
sen Sache der Vereinigung des Vaterlandes unseres
Volkes in der internationalen Arena eine aktive Tätigkeit
entfaltet (...).

Heute bringt die Spaltung Koreas unserem Volk, das
sich in einer langen Geschichte als einheitliche Nation
entwickelte, von Tag zu Tag immer größeres Unglück
und Leid und schafft auch Hindernisse für die Erhaltung
und Festigung des Friedens in Asien und der Welt. (...).

Zu einer Zeit, wo sich im In- und Ausland ungewöhnli-
che Bewegungen zur ewigen Spaltung Koreas vollziehen,
haben wir, ausgehend von dem aufrichtigen Wunsch, die

entstandenen Schwierigkeiten zu überwinden und die nationale Sehnuscht nach friedlicher Vereinigung des Vaterlandes baldmöglichst zu erfüllen, am 23. Juni dieses Jahres erneut folgende Linie zur selbständigen friedlichen Vereinigung dargelegt.

Erstens haben wir vorgeschlagen, die militärische Konfrontation zwischen Süd und Nord zu beseitigen und die Spannungen zu vermindern. (…)

Deshalb haben wir als ersten Schritt für die Erreichung der friedlichen Vereinigung des Landes den südkoreanischen Behörden mehrmals die Einstellung der Verstärkung der Streitkräfte und des Wettrüstens, den Abzug aller ausländischen Truppen, die Reduzierung der Truppen und der Rüstung, die Einstellung der Einfuhr von Waffen aus dem Ausland und den Abschluß eines Friedensabkommens vorgeschlagen.

Zweitens haben wir vorgeschlagen, zwischen Nord und Süd ein allseitiges Zusammenwirken und Austausch auf den verschiedensten Gebieten der Politik, des Militärwesens, der Außenpolitik, Wirtschaft und Kultur zu verwirklichen. (…)

Drittens haben wir vorgeschlagen, dafür zu sorgen, daß die Bevölkerung aller breiten Klassen und Schichten von Nord und Süd an der gesamtnationalen patriotischen Arbeit für die Vereinigung des Vaterlandes teilnehmen kann. (…)

Viertens haben wir erneut vorgeschlagen, eine Konföderation von Süd und Nord mit der einheitlichen Staatsbezeichnung Föderative Republik Korjo zu bilden. Wir sind der Meinung, daß die Bildung einer Konföderation zwischen Süd und Nord unter Beibehaltung der im Norden und im Süden gegenwärtig bestehenden beiden Systeme für eine bestimmte Zeit auf der Basis der Einberufung einer großen nationalen Konferenz und der Erreichung des großen nationalen Zusammenschlusses der vernünftigste Weg zur Verwirklichung der Vereinigung des Landes ist. (...)

Fünftens haben wir vorgeschlagen, daß Nord und Süd auf dem Gebiet der Außenbeziehungen gemeinsam auftreten, um zu verhindern, daß die Spaltung zementiert wird und so unser Land auf ewig in zwei Korea gespalten wird. Als eine Nation, die sich in einer langen Geschichte mit einer Kultur und einer Sprache als ein Ganzes entwickelt hat, kann unsere Nation auf keinen Fall zweigeteilt leben. Wir sind der Meinung, daß Nord und Süd auch auf dem Gebiet der internationalen Beziehungen gemeinsame Positionen beziehen müssen, um die ewige Spaltung des Landes zu verhindern.

Ich bringe die Überzeugung zum Ausdruck, daß Ihre Partei, Ihre Regierung und Ihr Volk dieser in unserem Lande entstandenen Situation großes Interesse entgegenbringen, und daß Sie in verschiedenen Formen aktive Maßnahmen ergreifen werden, um die neue Linie der Regierung der Koreanischen Volksdemokratischen Republik für die selbständige und friedliche Vereinigung des Landes auf demokratischer Grundlage, ohne Einmischung äußerer Kräfte, zu unterstützen. (...) Mit kameradschaftlichem Gruß

Helmut Kohl, 24. Oktober 1983

Koalition der Vernunft

Kohl, geboren 1930, 1946 Mitbegründer der Jungen Union in Ludwigshafen, Studium der Geschichte, Rechts- und Staatswissenschaft. Seit 1964 CDU-Bundesvorstand, 1969 Ministerpräsident von Rheinland-Pfalz, seit 1973 CDU-Vorsitzender. Nach erfolgreichem Mißtrauensvotum gegen Helmut Schmidt seit 1982 dessen Nachfolger als Bundeskanzler.

Sehr geehrter Herr Generalsekretär. Ich stimme Ihnen zu, daß es ein Anliegen des ganzen deutschen Volkes ist, den Frieden zu sichern und zu festigen. Alle Deutschen haben die Lehren aus ihrer Geschichte verstanden. Beide Staaten in Deutschland bekennen sich zu der Überzeugung, daß von deutschem Boden nie wieder Krieg ausgehen darf. Die Bundesrepublik Deutschland und die Deutsche Demokratische Republik tragen vor dem deutschen Volk gemeinsam eine große Verantwortung für die Sicherung des Friedens. Die Bundesregierung nimmt diese besondere Verantwortung sehr ernst. Ihrer Politik liegt zugrunde, daß der Einsatz von Waffen und Gewalt kein Mittel zur Durchsetzung politischer Ziele mehr sein darf. Das Atlantische Bündnis hat dies in der Bonner Erklärung am 10. Juni 1982 so ausgedrückt: »Keine unserer Waffen wird jemals eingesetzt werden, es sei denn als Antwort auf einen Angriff.«

Das deutsche Volk erwartet aber auch von uns, auf einen Zustand des Friedens in Europa hinzuwirken, in dem es in freier Selbstbestimmung seine Einheit vollenden kann. Der Frieden in Europa wird nur in dem Maße sicherer, in dem es gelingt, die Härten der Teilung Deutschlands abzubauen und die Teilung im Rahmen einer europäischen Friedensordnung zu überwinden. Deshalb greife ich den von Ihnen gewählten Begriff einer notwendigen Koalition der Vernunft gerne auf. Mein ganzes Bemühen und mein ganzer Einsatz sollen dieser Vernunft in allen Bereichen zum Durchbruch verhelfen. (...)

Niemandem kann an einer Zuspitzung der Situation gelegen sein. Gerade dann, wenn die internationale Lage schwieriger wird, müssen die beiden Staaten in Deutschland alle Kraft daransetzen, das Geflecht der Beziehungen und der Zusammenarbeit weiterzuentwickeln und auszubauen. Die beiden deutschen Staaten werden ihrer gemeinsamen Verantwortung vor dem deutschen Volk und für den Frieden nur gerecht, wenn sie sich ernstlich bemühen, ihre Beziehungen so zu entwickeln, daß davon positive Impulse für die Lage in Europa ausgehen.

Die Bundesregierung hat in diesem Sinne gehandelt. Sie ist davon überzeugt, daß nur eine solche Politik den Menschen in den beiden deutschen Staaten dient, die die im Grundlagenvertrag niedergelegte Absicht fördert, normale gutnachbarliche Beziehungen zu entwickeln, und die darüber hinaus – vor dem Hintergrund der internationalen Situation – zur Stabilisierung der Lage in Europa beiträgt. Mit freundlichen Grüßen

Egon Krenz, 13. Oktober 1987

REFLEX AUF PAWLOW

W. Iwanowitsch Kotschemassow, geboren 1918, war von 1983 bis 1989 sowjetischer Botschafter in der DDR.

Lieber Genosse Erich Honecker! Am heutigen 13. Oktober rief mich Genosse Kotschemassow um 12.30 Uhr an und bat, Dir folgende Mitteilung des Zentralkomitees der KPdSU zu übermitteln: Am 5. Oktober 1987 wurde eine Fernsehbrücke Leningrad-Mainz geschaltet. An der Diskussion nahmen in den Studios Leningrad und Mainz jeweils 100 bis 150 Bürger teil. Ein Bürger der BRD stellte an die Leningrader die Frage: »Wie verhalten Sie sich zur Wiedervereinigung Deutschlands?« Der sowjetische Teilnehmer der Diskussion, der sich als Ingenieur Pawlow vorstellte, antwortete wie folgt: »Wir wollen auch sehr, daß sich Deutschland so schnell wie möglich wiedervereinigt, aber es gibt leider verschiedene objektive Gründe. Ihnen sind diese sicher bekannt. Aber wir glauben, daß sich Deutschland wiedervereinigen wird. Wir wollen ein starkes, ein freundschaftliches Deutschland. Und wir glauben, daß es sich einmal wiedervereinigt.«

Die Teilnehmer an der Diskussion im Mainzer Studio haben diese Erklärung mit Beifall aufgenommen. Der sowjetische Moderator der Sendung, Genosse Klimentinowski, Moderator bei der Rundfunkstation »Frieden und Fortschritt«, sagte abschließend dazu folgendes:

»Ich will mich auf keinen Fall in diese Antwort einmischen, aber ich möchte sagen, daß die sowjetischen Menschen ihrem Wesen nach Optimisten sind. Ich glaube, daß es heutzutage nicht real ist, über die Wiedervereinigung zu sprechen. Der Beifall Ihrerseits ist psychologisch selbstverständlich begreiflich. Aber es gibt Dinge, die vorläufig nicht real sind. Diese Frage ist nicht so sehr unsere, mit dieser Frage müßte man sich an einen anderen Staat, an die DDR wenden. Uns betrifft diese Frage nicht so sehr.«

Die Fernsehaufzeichnung wird am 13. Oktober, 21.50 Uhr Moskauer Zeit, im Ersten Programm des sowjetischen Fernsehens, um 19.30 Uhr mitteleuropäischer Zeit im ZDF übertragen. In der sowjetischen Variante der Sendung werden die o.g. Äußerungen in Bezug auf die Wiedervereinigung nicht gesendet. Es ist aber zu erwarten, daß das ZDF sie überträgt und entsprechend kommentiert. Dennoch sind wir der Meinung, daß die Tatsache, daß die unreifen Äußerungen von Pawlow und Klimentinowski aus der sowjetischen Variante der Übertragung herausgenommen werden, unsere ablehnende Haltung zu diesen Überlegungen unterstreichen. Gleichzeitig wird im Pressezentrum eine Erklärung veröffentlicht, in der die sowjetische Seite sehr eindeutig zu diesen Fragen Stellung nimmt.

Genosse Kotschemassow bat ausdrücklich, Dir diese Information zu übermitteln. Mit sozialistischem Gruß

Indira Gandhi, 11. Juli 1975

Den Zusammenbruch des Systems abwehren

Indira Gandhi, 1917-1984. Tochter des indischen Premiers Jawaharlal Nehru. Studium u.a. in Oxford. Seit 1955 Mitglied in der Führung der Kongreßpartei, 1966 bis 1977 und 1980 bis 1984 Premierministerin. Nach Ausbruch des Bürgerkrieges zwischen Hindus und Sikhs wurde Indira Gandhi von zwei ihrer Leibwächter, die den Sikhs angehörten, erschossen. Nehru schrieb aus der Haft seiner dreizehnjährigen Tochter die berühmt gewordenen »Briefe an Indira«. Als Indira Gandhi an Erich Honecker den folgenden Brief schrieb, hatte sie gerade den Ausnahmezustand verhängt, 116.000 politische Gegner in die Gefängnisse werfen lassen und eine verschärfte Pressezensur für die Auslandspresse verfügt.

Your Excellency, ich habe stets Ihr Verständnis und Ihre Sympathie für das, was wir in Indien anstreben, hoch geschätzt. Deshalb wollte ich Ihnen zu einigen kürzlichen Ereignissen schreiben. Wir haben den Ausnahmezustand erklärt. Das mußte geschehen, um die Spaltung und den Zusammenbruch unseres Systems abzuwehren. Seit Monaten haben einige unserer Oppositionsparteien versucht, unter Ausnutzung aller Mittel die Regierung mit der offen erklärten Absicht der Machtübernahme zu behindern. Wie Sie wissen, haben wir eine Vielfalt politischer Parteien, die von der extremen Rechten bis zur extremen Linken reichen, einige haben nur lokale Bedeutung und keine spezifizierte Politik. Die meisten dieser Parteien haben sich mit der gemeinsamen Absicht zusammengetan, eine verfassungsmäßig gewählte Regierung zu lähmen. Bereits während der Wahlen im Januar 1971 war ihre Losung »Weg mit Indira Gandhi!«. Aber sie mußten feststellen, daß das Volks nicht mit ihnen war. Im vergangenen Jahr mit seinen ökonomischen Schwierigkeiten infolge wiederholten Ausbleibens des Regens und der Weltölkrise hielten sie ihre Gelegenheit erneut für gekommen. (…)

Um der Bewegung ein moralisches Mäntelchen umzuhängen, wurde sie als Bewegung gegen die Korruption dargestellt. Bösartige und völlig haltlose Berichte wurden über mich und einige meiner Kollegen verbreitet. Die Ironie dabei ist, daß unter den Führern und Anhängern der Antikorruptionsbewegung einige gut bekannte korrupte Politiker und Geschäftsleute sind, von denen viele vor Gericht angeklagt wurden. (…)

Durch einen Oppositionsführer wurde ein Antrag eingebracht, in dem meine Wahl zur Volkskammer im Jahre 1971 angefochten wird.(…) Die Schwächung des Landes und möglicherweise sein Auseinanderbrechen zu einer Zeit voll internationaler Ungewißheit würde ein Unglück heraufbeschworen haben und konnte nicht länger geduldet werden. Zu diesem Zeitpunkt mußte die Regierung handeln, um die Integrität der Nation zu bewahren. Das ist der Hintergrund für die Ausrufung des Ausnahmezustandes. Ich möchte hinzufügen, daß das im Rahmen unserer Verfassung erfolgte, die besondere Maßnahmen vorsieht, um der Gefahr äußerer Aggression und innerer Unruhe zu begegnen.

Einige Oppositionsführer wurden in Vorbeugehaft genommen, und an die Presse ergingen regelnde Weisungen auschließlich zu dem Zweck, um die Aufwiegelung zu Gewalt und Ordnungswidrigkeit zu verhindern. Einige andere wurden verhaftet, um Sabotage und Subversion zu vereiteln, für die bereits Pläne bestanden. Einige terroristische Organisationen sind verboten worden. (…) Jedoch beträgt die Zahl politischer Verhaftungen nur einen kleinen Teil der Gesamtzahl. Die Mehrheit der Inhaftierten besteht aus Schmugglern, Schwarzhändlern und anderen Wirtschaftssündern sowie einer Anzahl bekannter städtischer und ländlicher Bandenführer, die die Lage zu ihrem Vorteil ausnutzten. (…) Die unter dem Ausnahmezustand ergriffenen Maßnahmen sind allgemein begrüßt worden. Die Preise sind weiter gefallen. Es gibt ein größeres Gefühl der Disziplin der Bürger, fast das Gefühl eines Neubeginns. Das Ausbleiben von Demonstrationen zur Unterstützung der Oppositionsfront zeigt, daß der gewöhnliche Bürger die hilflose Geisel politischer Kampagnen gewesen ist. Aber lassen Sie mich bekennen, die ergriffenen Maßnahmen gehen mir selbst gegen den Strich.

Einige westliche Zeitungen haben Tränen über das Schicksal der Demokratie in Indien vergossen. Jedoch zögern sie nicht, in anderen Teilen der Welt autoritäre Regime zu unterstützen. Es scheint so, als ob in ihren Augen Indien niemals irgendwas richtig gemacht hat. (…) Mit der Versicherung meiner ausgezeichneten Hochachtung!

Während des Ausnahmezustandes wurde im August 1975 mit Unterstützung der moskautreuen KP Indiens das Wahlgesetz geändert und das negative Urteil gegen Indira Gandhi wieder aufgehoben. Erich Honecker antwortete der indischen Regierungschefin an dem Tag, an dem unter seiner operativen Leitung 14 Jahre zuvor ein Ausnahmezustand in Deutschland eingeführt worden war. Mit Datum vom 13. August 1975 schrieb er: »Mit größter Hochachtung und Sympathie habe ich von den Schritten er-

fahren, die Sie und Ihre Regierung in einer komplizierten Situation mit fester Entschlossenheit und Umsicht zur Wahrung von Ordnung und Sicherheit im Lande, zur Sicherung der nationalen Souveränität und Integrität und zur Förderung des politischen, sozialen und ökonomischen Fortschritts des indischen Volkes eingeleitet haben. Die getroffenen Entscheidungen, die von staatsmännischer Weitsicht und Verantwortung für das Schicksal ihres Volkes und zugleich der Sache des Friedens getragen sind, schaffen neue Möglichkeiten für eine lichte Zukunft des indischen Volkes, seinen weiteren sozialen Fortschritt und zur Lösung der schwierigen Probleme beim weiteren Aufbau des Landes.« Sechs Jahre später, 1981, wurde in Polen, also in direkter Nachbarschaft der DDR, die Ordnung durch den Ausnahmezustand wiederhergestellt. »Kein Volk kann ohne Arbeit leben«, pflegte Honecker gegenüber seinen westlichen Gesprächspartnern diese von ihm begrüßte Maßnahme zu rechtfertigen. Er erntete dafür Zustimmung bei Politikern unterschiedlichster Couleur.

Herbert Krolikowski, 23. Juli 1983

STRAUSS ZEIGTE VIEL VERSTÄNDNIS

Krolikowski, 1924 geboren, kaufmännischer Angestellter, 1969 bis 1973 DDR-Botschafter in der CSSR, seit 1975 Staatssekretär im Ministerium für Auswärtige Angelegenheiten. Olszowski war Außenminister der Volksrepublik Polen.

Werter Genosse Honecker! Am 23. Juli 1983, 20.00 Uhr, informierte der Botschafter der VRP, Genosse Wirowsky, über die Gespräche, die Franz Josef Strauß in Warschau mit Genossen Olszowski führte.

Im wesentlichen wiederholte er die Informationen, die bereits im Telegramm des Botschafters der DDR, Genossen Horst Neubauer, enthalten waren. Zu den Äußerungen von Strauß sagte er folgendes:

Strauß zeigte viel Verständnis für die Entwicklung der aktuellen politischen und wirtschaftlichen Lage in Polen. Er äußerte sich kritisch zur »Walesa-Bewegung«. Diese Bewegung sei politisch unrealistisch und einer der Grün-

de für die Verschlechterung der ökonomischen Lage in
Polen. Die Massenmedien im Westen würden ein unrea-
listisches Bild der Lage in Polen geben und eine negative
Wirkung ausüben. Darüber habe sich Strauß auch öffentlich geäußert. Strauß schätzte die jüngsten Beschlüsse der Regierung und des Sejm sehr positiv ein. Er be-
wertete die sogenannte Päckchenhilfe für Polen als nicht
notwendig.

Strauß nahm keine Stellung zur Kritik an den revan-
chistischen Tendenzen in der BRD. Strauß schloß die Gefahr eines Krieges in Europa aus. Er vertrat die Meinung,
daß die »Nachrüstung« bereits beschlossen ist. Die Null-
Option sei eine Illusion. Er schätzte die Gespräche in
Genf sehr kritisch ein. Es seien zwei parallele Monologe.
Auf diesem Weg könne keine Verständigung erreicht
werden. Strauß war der Meinung, daß man die Gespräche in Genf weiterführen sollte. Aus den Gesprächen
von Kohl in Moskau habe man die Überzeugung gewon-
nen, daß die Sowjetunion an der Weiterführung von Gesprächen mit der BRD interessiert sei.

Strauß vertrat die Meinung, daß in einem Zeitraum
von drei bis fünf Jahren eine Lösung der Fragen der Rü-
stungsbegrenzung gefunden werden könne, wenn man
die Gespräche in Wien, SALT und START komplex behandelt. Zur Friedensbewegung äußerte Strauß, sie habe
keine Möglichkeit, irgendetwas zu verändern. Aus den
Gesprächen von Kohl in Moskau zeige sich, daß die Sta-
tionierung von neuen USA-Raketen die Möglichkeit eines begrenzten politischen Konfliktes in Europa in sich
berge. Er vertrete aber die Meinung, daß dies nicht zu einem umfassenden Einbruch in der Politik in der Welt
und in Europa führen würde.

Genosse Wirowsky erklärte, daß die polnischen Genossen die Gespräche mit Strauß positiv einschätzen. Obwohl viele politische Akzente von Strauß nicht akzepta-

bel seien, habe Strauß ein beträchtliches Maß an Realismus gezeigt. Ich bitte um Kenntnisnahme. Mit sozialistischem Gruß.

Das Schreiben Krolikowskis erreichte Honecker am 24. Juli 1983; für diesen Tag war Honecker mit dem bayerischen Ministerpräsidenten F.J. Strauß in Hubertusstock verabredet. Lech Walesa, seit Gründung der Solidarnocz 1980 deren Vorsitzender, stand nach Verhängung des Kriegsrechts am 13. Dezember 1981 unter Hausarrest, erhielt im Oktober 1983 den Friedensnobelpreis und wurde am 22. Dezember 1990 Staatspräsident von Polen. Ein anderer Briefpartner, der sein Land im Ausnahmezustand hielt, hatte sich 1978 bei Honecker für eine Entschuldigung bedankt. Am 27. Februar 1978 demonstrierten oppositionelle Iraner aus West-Berlin vor der persischen Botschaft in Ost-Berlin gegen die Zustände in ihrem Land. Honecker entschuldigte sich dafür bei dem Schah von Persien und versicherte, daß derartiges nicht mehr vorkommen werde. Eine offizielle Einladung, die DDR zu besuchen, hatte der Schah schon im Vorjahr erhalten.

Reza Pahlavi, 29. November 1977

Die Kaiserin und ich danken

Reza Pahlavi, 1919-1980, Schah des Iran von 1941 bis 1979. Pahlavi stützte seine Herrschaft wesentlich auf den berüchtigten Geheimdienst SAVAK. 1967 wurde bei Anti-Schah-Demonstrationen in West-Berlin der Student Benno Ohnesorg erschossen. 1978 wurde im Iran das Kriegsrecht ausgerufen, 1979 flüchtete Pahlavi mit seiner Familie ins Exil. Er wurde in Abwesenheit zum Tode verurteilt.

Monsieur le Secrétaire Général, ich habe die freundliche Botschaft vom 5. November 1977, die Sie mir übermittelt haben und deren Inhalt meine ganze Aufmerksamkeit gefunden hat, zur Kenntnis genommen. Die Kaiserin und ich selbst danken Ihnen sehr herzlich für Ihre Einladung zu einem offiziellen Besuch in die Deutsche Demo-

kratische Republik; mit großer Freude werden wir dieser
Einladung folgen und Ihr Land zu einem Zeitpunkt besuchen, den wir auf diplomatischem Weg vereinbaren
werden. (...)

Die Ausweitung der bilateralen Beziehungen zwischen
Iran und der DDR im Geiste des Vertrauens und des gegenseitigen Verstehen in den vergangenen Jahren ist an
sich schon ein ermutigender Faktor, der es gestattet,
kurz- und langfristig die viel umfangreicheren Perspektiven ins Auge zu fassen, die sich aus der Breite der Vorhaben zur ökonomischen Entwicklung meines Landes einerseits und den wissenschaftlichen und technischen
Möglichkeiten ergeben, die sich auf Ihrer Seite bieten
und die wir in Anspruch nehmen könnten, um die Indu-
strialisierung und die Modernisierung Irans durchführen
zu können. Ich schätze die bisher von der gemeinsamen
Wirtschaftskommission geleistete Arbeit. Wie aber Ihr
Minister für Auswärtige Angelegenheiten richtig angeregt hat, ist es möglich, das Niveau der bilateralen Zusammenarbeit noch weiter zu erhöhen.

Ich stelle mit Genugtuung fest, daß unsere Standpunkte auf internationalem Gebiet gegenüber den aktuellen
großen Weltproblemen übereinstimmend sind. (...) Hinsichtlich der allgemeinen und vollständigen Abrüstung
heben wir schon seit Jahren die Notwendigkeit hervor,
daß alle Staaten in dieser Frage zu einem allgemeinen
Übereinkommen gelangen müssen; dabei ist es Angelegenheit der Großmächte, den Abschluß zu ermöglichen.
Unsere beständige Sorge auf diesem Gebiet rührt daher,
daß Iran auf Grund seiner Position als Angelpunkt zwischen Europa und Asien zur Verteidigung seiner Gren-
zen verpflichtet ist. (...)

Nehmen Sie, sehr geehrter Herr Generalsekretär, in
diesem Sinne die Versicherung meiner vorzüglichen
Hochachtung entgegen.

Sadam Hussein, 4. Juni 1980

KAMPF GEGEN DEN ZIONISMUS

Hussein, geboren 1937. 1962 Jurastudium in Kairo und Bagdad. Wegen Beteiligung an einem Attentat auf den Diktator General Kassem Exil in Syrien und Ägypten. Nach der Machtübernahme durch die Baath Partei kehrte Hussein in den Irak zurück und avancierte zum Vizepräsidenten des Revolutionären Kommandorates. 1979 wurde er Staats- und Regierungschef. Als Oberbefehlshaber der Streitkräfte ernannte er sich selbst zum Feldmarschall.

Verehrter Genosse Erich Honecker! Es freut mich, den Besuch des Genossen Tayeh Abdul Karim, Mitglied des Kommandorates der Revolution und Ölminister, in Ihrem befreundeten Land zu benutzen, um die freundschaftlichen und kooperativen Beziehungen zwischen unseren beiden Ländern und Parteien hervorzuheben und Ihnen – Genossen Honecker und dem befreundeten Deutschen Volk – meine persönlichen Grüße und Wünsche zum Fortschritt und Wohlstand zu übermitteln. (...)

Die Führung der Partei und des Staates der Republik Irak verfolgen mit Interesse die Beziehungen und Aktivitäten der Deutschen Demokratischen Republik, die Stabilität und den Frieden zu wahren, die Entspannung auszuweiten sowie die Aufrüstung zu reduzieren und die Befreiungsbewegungen in der Welt zu unterstützen. Ferner schätzen wir sehr hoch ein die Unterstützung Ihres Landes für die Fragen unserer arabischen Nation, im Vordergrund die palästinensische Frage und der Kampf gegen den Zionismus.

Der gefährliche Rückfall in der internationalen Lage sowie die Entwicklung in der arabischen Region und die Aktivitäten, die von den imperialistischen Kräften in vielen Regionen der Welt ausgeübt werden (...), hat die internationalen Beziehungen durch Spannungen und kalten Krieg gekennzeichnet. Dies erfordet unserer Ansicht nach von den progressiven Staaten, für die die Aufrechterhaltung des Friedens und der Stabilität von Bedeutung sind, die Bekräftigung ihres Kampfes gegen den Imperialismus, Zionismus und die Kräfte der Aggression und des Rassismus. Ich freue mich, diese Gelegenheit zu benutzung, Ihnen eine Einladung zum Besuch unseres Landes zu übermitteln, damit Sie die von uns erreichte Entwicklung und den erreichten Fortschritt sehen können. Dies wird eine Gelegenheit sein, um die Meinung auszutauschen zum Wohle unserer beiden Länder und des gemeinsamen Kampfes. Ich bitte Sie, verehrter Genosse Honecker, meine besten Wünsche entgegenzunehmen.

Yassir Arafat, Beirut 25. September 1978

Recht auf Selbstbestimmung

Arafat, geboren 1929. Studium der Elektrotechnik, 1957 Praktikant bei Mercedes Benz in Stuttgart, bis 1965 Bauingenieur in Kuweit. Seit Gründung 1969 Chef der PLO. Bei den Weltjugendfestspielen in Ost-Berlin 1973 triumphaler Empfang. 1994 besuchte er an der Seite von Edzard Reuter die Stätte seines Praktikums in Stuttgart.

An Genossen Erich Honecker. In einer Zeit, in der die Welt eine komplizierte Etappe durchläuft und in der die Vereinigten Staaten von Amerika ihre aggressiven Akte intensivieren und damit den Weltfrieden bedrohen, stellen die kürzlich bekanntgegebenen Abkommen von Camp David einen weiteren aggressiven imperialistischen Schritt dar, der sich nicht nur gegen unsere arabische Nation und unser palästinensisches Volk, sondern

auch gegen den Weltfrieden und die Völker der ganzen
Welt richtet. Die Teilnehmer an der Konferenz in Camp
David ignorieren, worüber sich die gesamte Welt einig ist
– das Wesen der Auseinandersetzung im Nahen Osten ist
die palästinensische Sache und nur die Palästinensische
Befreiungsorganisation als einzige legitime Vertreterin
des arabischen Volkes von Palästina hat das Recht, im
Namen dieser Sache zu sprechen. (...) Die Abkommen
von Camp David vertiefen die zionistische Besetzung
arabischer Territorien, darunter Palästina, und belohnen
den zionistischen Aggressor, indem ihm gegeben wurde,
was zu geben nicht das Recht der Teilnehmer war, insbesondere was das Recht unseres Volkes auf nationale Souveränität und Selbstbestimmung auf seinem nationalen
Territorium anbelangt.

Wir sind überzeugt, daß unser Volk in seinem Kampf
gegen diese letzte Verschwörung nicht allein stehen wird,
sondern daß zahlreichen Freunde unter den Staaten und
Völkern der Welt und an ihrer Spitze die Völker der sozialistischen Länder an seiner Seite stehen werden.

Ich bitte Sie, werter Genosse, Ihrem kämpfenden Volk,
Ihrer uns befreundeten Partei und ihrer klugen Regierung unsere Wertschätzung und unseren Stolz gegenüber
der Haltung Ihres Landes zu unserer Sache sowie den
Dank unseres Volkes für die kontinuierliche Unterstützung seines Kampfes auf allen Ebenen zu übermitteln.
Diese auf den Prinzipien des Internationalismus basie-
rende hervorragende Haltung an der Seite unseres
Volkes und unserer Revolution wird im Bewußtsein unseres palästinensischen Volkes und unserer arabischen
Nation fortbestehen. Für die Revolution bis zum Sieg!

*In Camp David handelten auf Vermittlung von US-Präsident Carter
Ägypten und Israel einen Friedensvertrag aus, der im März 1979 unter-
zeichnet wurde. Menachim Begin und Anwar El-Sadat erhielten für diese
»Verschwörung« den Friedensnobelpreis.*

A Son Excellence
Monsieur Erich HONECKER
Président du Conseil d'Etat de la République
démocratique allemande

    Quand mon vénéré prédécesseur le Pape Paul VI adressa
son message à la réunion au sommet des Chefs d'Etat et de Gouver-
nement des pays qui participaient à la Conférence sur la Sécurité
et la Coopération en Europe, qui eut sa conclusion il y a cinq
ans à Helsinki, il s'exprimait ainsi en jetant un regard d'en-
semble sur l'histoire et la vie de tout le continent européen :

    "... l'Europe a un patrimoine idéal qui représente un héri-
tage commun : celui-ci se base essentiellement sur le message
chrétien, annoncé à toutes ses populations qui l'ont accueilli
et fait leur; il comprend, en plus des valeurs sacrées de la
foi en Dieu et du caractère inviolable des consciences, les
valeurs de l'égalité et de la fraternité humaines, de la di-
gnité de la pensée consacrée à la recherche de la vérité, de
la justice individuelle et sociale, du droit conçu comme cri-
tère de comportement dans les rapports entre les citoyens, les
institutions, les Etats" (A.A.S. 67 (1975), p. 478).

    C'est dans cet esprit que le Saint-Siège avait décidé dès
1973 de participer, à part entière, à la Conférence sur la
Sécurité et la Coopération en Europe, en s'efforçant d'apporter
à cette initiative son soutien moral et aussi une contribution
effective à la formulation de l'important Acte final que son
Représentant signa en même temps que les hauts Représentants
des 34 autres Pays participants, le 1er août 1975.

Johannes Paul II., 1. September 1980

Der Stellvertreter an den Vorsitzenden

Johannes Paul II., geboren 1920 in Polen als Karol Wojtyla.
Teilnahme am antifaschistischen Kampf in einer illegalen
Theatergruppe. Erzbischof von Krakau, 1967 Kardinal, seit
1978 Stellvertreter Gottes in Rom. In der Enzyklika Re-
demptor Hominis (Erlöser der Menschen) forderte Johannes
Paul II. unter Bezugnahme auf die Menschenrechtserklärung
der Vereinten Nationen »das Recht auf Religions- und Ge-
wissensfreiheit« sowie »des Wirkens der Kirche« für alle
Staaten. Honecker erhielt diese Enzyklika als Anlage zu dem
folgenden Schreiben.

A Son Excellence Monsieur Erich Honecker. Als mein
verehrter Vorgänger, Papst Paul VI., sein Grußschreiben
an das Gipfeltreffen der Staats- und Regierungschefs der
Teilnehmerländer der Konferenz über Sicherheit und
Zusammenarbeit in Europa richtete, die vor fünf Jahren
in Helsinki ihre Abschluß fand, drückte er sich folgen-
dermaßen aus, um Geschichte und Leben des ganzen europäischen Kontinents zu umreißen:

»... besitzt Europa ... ein ideales gemeinsames Erbe:
Es gründete sich wesentlich auf die christliche Botschaft,
die all seinen Völkern verkündet und von ihnen aufgenommen wurde. Sie umfaßt über die heiligen Werte des
Glaubens an Gott und der Unverletzlichkeit des Gewis-
sens hinaus die Werte der Gleichheit und Brüderlichkeit
aller Menschen, der Würde des Denkens, das sich der Su-
che nach Wahrhaftigkeit widmet, der Gerechtigkeit für
den einzelnen und die Gemeinschaft, des Rechtes endlich
als Verhaltensnorm bei den Beziehungen zwischen den
Bürgern, den Institutionen und den Staaten.«

In diesem Sinne hat der Heilige Stuhl 1973 beschlossen,
als vollwertiges Mitglied an der Konferenz über Sicher-

heit und Zusammenarbeit in Europa teilzunehmen und sich zu bemühen, dieser Initiative seine moralische Unterstützung zu geben (...).

Wie Eure Exzellenz sicherlich mit mir übereinstimmt, ist die geistige Freiheit des Menschen ein mindestens ebenso großes und wünschenswertes Gut wie die Freiheit, im Genuß materieller Güter zu sein. Geleitet von dieser Überzeugung und während ich mit lebhaftem Interesse die Vorbereitungsarbeiten und verschiedenen Vorschläge für die unmittelbar bevorstehende Zusammenkunft in Madrid im Rahmen der Folgekonferenz über Sicherheit und Zusammenarbeit in Europa verfolge, erlaube ich mir, Eurer Exellenz und den anderen Staatschefs aller Unterzeichnerländer der Schlußakte von Helsinki ein Dokument zu unterbreiten, das ein konstruktiver Beitrag auf dem Gebiet der Gewissens- und Religionsfreiheit sein soll. (...)

Man kann überzeugt sein, daß die Bürger, die im Genuß der Freiheit sind, sich von den geistigen und moralischen Prinzipien ihrer Konfession inspirieren zu lassen und sie in die Praxis umzusetzen, besonders befähigt sein werden, sich um das gemeinsame Wohl aller zu sorgen, unter Achtung der gesetzlichen Autorität, und mit den anderen im Geist der Verantwortlichkeit, Ehrlichkeit, Gerechtigkeit und des Friedens zusammenzuwirken.

In dem Vertrauen, daß Eure Exzellenz und die Regierung Eures Landes die Aufforderung zu einer sachlichen und gründlichen Überlegung zu dem wichtigen in diesem Dokument angeschnittenen Thema günstig aufnehmen werden, versichere ich Sie meiner vorzüglichen Hochachtung.

Honecker traf anläßlich seines Italienbesuches 1985 mit Johannes Paul II. zusammen. Eine päpstliche Reise in die DDR war für 1991 geplant.

Gerald Götting, 1. Juli 1982

Probleme mit Christen

*Götting, geboren 1923, Philologe, seit 1946 Mitglied, seit
1966 Vorsitzender der Christlich-Demokratischen Union
Deutschlands in der DDR, 1960 bis 1989 stellvertretender
Vorsitzender des Staatsrats, Rücktritt im November 1989.*

Lieber Freund Erich! Für die wichtigen Informationen,
die Du uns gestern zu den Ergebnissen des 4. Plenums
des ZK und für die weitere Arbeit gegeben hast, danke
ich Dir sehr herzlich. Das hilft mir besonders bei der
Vorbereitung des 15. Parteitages der CDU vom 13. bis 15.
Oktober in Dresden. Ausgehend von den Beschlüssen des
X. Parteitages der SED und den Plenartagungen des ZK
der SED werden wir im Blick auf unsere spezifische Aufgabe alles unternehmen, konkrete Beiträge zur allseitigen
Stärkung der DDR und für die Sache des Sozialismus zu
leisten.

In diesem Zusammenhang möchte ich Dich über einige
Probleme der politisch-ideologischen Arbeit mit Christen
und den evangelischen Kirchen informieren. In zuneh-
mendem Maße werden in letzter Zeit evangelische kirch-
liche Kreise in der DDR von reaktionären und mit der
NATO verbundenen Kräften in der BRD und in West-
berlin beeinflußt. In ihren Äußerungen und Forderungen
bieten sie in vielfacher Hinsicht eine Basis für den ideolo-
gischen Kampf gegen die Politik der DDR und ihre sozialistischen Positionen. So wie in Volkspolen nach dem
Rezept des CIA zunächst kritische Stimmungen in der
Bevölkerung genutzt wurden und die katholische Kirche
mehr und mehr als Organisator dieser schließlich konter-
revolutionären Entwicklung auftrat, sollen nach dem 13.
Dezember in Polen anscheinend die evangelischen Kirchen in der DDR eine ähnliche Rolle übernehmen. Es

gibt Anzeichen dafür, die Jungen Gemeinden der evangelischen Kirchen zu einer selbständigen Jugendorganisation auszubauen. Obwohl das von den offiziellen evangelischen Kirchenleitungen bisher geleugnet und abgelehnt wurde, ist ihre Haltung heute besonders auch unter dem Einfluß außerhalb der evangelischen Kirchen stehenden Kräfte nicht mehr eindeutig. Mit populären Losungen eines eigenständigen und unabhängigen Beitrages für den Frieden beginnen Mitglieder der Jungen Gemeinden zunächst unter der Losung »Frieden schaffen ohne Waffen« und schließlich mit anderen ähnlichen pazifistischen Losungen eine eigene Friedensbewegung aufzubauen. Zweifellos zielt das darauf ab, unsere bewährte Zusammenarbeit im Jugendverband und im Friedensrat der DDR zu spalten. Nach dem Beschluß der Kirchenleitungen vom 7./8. Mai 1982 soll auch in Zukunft in Vorbereitung der sogenannten Friedensdekade der evangelischen Kirchen im November in Dresden das Abzeichen »Macht Schwerter zu Pflugscharen« Symbol der kirchlichen Friedensbewegung bleiben und getragen werden. Dieser Mißbrauch soll eine neue Variante erfahren durch die Übernahme des von der UNO angenommenen Symbols eines vor der Weltkugel stehenden Mannes, der ein Gewehr zerbricht. Das wäre ein weiterer Schritt, sich von der Friedenspolitik der DDR zu unterscheiden und zu entfernen.

Kräfte der evangelischen Kirchenleitungen haben bekanntlich abgelehnt, entsprechend Deiner Entscheidung von mir im Staatsrat empfangen zu werden. Nach meiner Information aus kirchlichen Kreisen war beabsichtigt, in Anwesenheit amerikanischer Gäste ein Mitglied des Politbüros des ZK, der zugleich Stellvertreter des Vorsitzenden des Staatsrates ist, über die eigenständige christliche Friedensbewegung in der DDR, ihre Motive, ihre »Notwendigkeit« und ihre Breite zu informieren.

Sie hatten sich davon erhofft, daß ihnen wie auch den amerikanischen Gästen anerkennende Worte zuteil werden könnten und sie damit für ihre weitere spalterische Arbeit ein kompetentes Alibi vorweisen könnten.

Die CDU wird unter Berücksichtigung Deiner wegweisenden Darlegungen vom 6. März 1978 mit allen Mitgliedern und ihr nahestehenden parteilosen christlichen Bürgern in der einheitlichen Friedensbewegung der DDR, in den Arbeitsgruppen »Christliche Kreise« der Nationalen Front und in eigenen Versammlungen offensiv gegen alle Spaltungsversuche auftreten und die Absicht kirchlicher Kreise, unsere Verteidigungsbereitschaft zu schwächen, mit Entschiedenheit zurückweisen. In der Durchführung der Beschlüsse unserer XII. Hauptvorstandssitzung vom 29. Juni 1982 werden wir unter Führung der Partei der Arbeiterklasse alles in unseren Kräften stehende tun, um die Einheit und Geschlossenheit aller demokratischen Kräfte unseres Landes zu stärken. In herzlicher Verbundenheit

Joachim Herrmann · Manfred Stolpe, 29. Juni 1987

Das Ei des Punk

Herrmann, ZK-Sekretär für Agitation und Propaganda, hatte am 11. Mai die Richtlinien zur Berichterstattung über den Kirchentag an die DDR-Medien ausgegeben.

Lieber Genosse Honecker! Anliegend gebe ich Dir einen Brief von Konsistorialpräsident Stolpe zur Kenntnis:

Sehr geehrter Herr Herrmann! Bitte gestatten Sie, daß ich Ihnen unmittelbar nach dem Evangelischen Kirchentag Berlin herzlich für die offensive Informationspolitik unserer Medien zum Kirchentag danke! Sachlich, umfassend und wohlwollend wurde unser Kirchentag im Fernsehen, Rundfunk und Presse dargestellt und der gesamten Öffentlichkeit das richtige Bild einer vielgestaltigen religiösen Groß-Veranstaltung vermittelt, die für evangelische Christen in der Deutschen Demokratischen Republik eine große Ermutigung brachte.

Diese Informationspolitik war deshalb besonders wichtig, weil einige westliche Medien versuchten, unter Mißbrauch des Kirchentages die Reihe der Provokationen gegen die DDR fortzusetzen. Sie haben unwesentliche Randerscheinungen als Hauptsache dargestellt, um den Eindruck von Turbulenzen in der DDR-Kirche und damit der DDR zu vermitteln. Ich habe selbst erlebt, wie ein Korrespondent der ARD nachts um 3.00 Uhr versuchte, christliche Jugendliche zu Aussagen über Vorgänge Pfingsten am Brandenburger Tor zu provozieren. Zu meiner Freude haben die Jugendlichen spontan richtig reagiert: Ein Punk warf ein Ei auf den Korrespondenten, und die übrigen empfahlen ihm, schlafen zu gehen. In der gegenwärtigen Situation haben viele Christenmenschen bei uns die Solidarität der Medien der Deutschen Demokratischen Republik dankbar empfunden. Mit vorzüglicher Hochachtung.

Heinz Galinski, 10. September 1986

EIN BEDRÜCKENDES GEFÜHL

Heinz Galinski, 1912-1992. Kaufmännische Lehre, nach NS-Machtübernahme Übersiedlung von Rathenow nach Berlin. 1940 Zwangsarbeit, Deportation nach Auschwitz, einziger Überlebender seiner Familie. Seit 1949 war Galinski Vorsitzender der Jüdischen Gemeinde in Berlin; Teilnahme an Gedenkveranstaltungen für die Novemberpogrome am 8. und 11. November 1988 in der DDR-Volkskammer und im Bundestag. Dessen damaliger Präsident Jenninger lehnte den Vorschlag der Grünen Bundestagsfraktion ab, aus diesem Anlaß Galinski Rederecht einzuräumen.

Sehr geehrter Herr Staatsratsvorsitzender! Wenn ich heute Ihre Aufmerksamkeit auf einen besonderen Umstand lenken darf, so geschieht das im Namen vieler Mitglieder der ehemaligen jüdischen Gemeinde Berlin, die in vielen Teilen der Welt leben, und natürlich auch im Namen derer hier in Berlin. Deren Mitglieder haben sich mit der Bitte an mich gewandt, Ihnen, sehr geehrter Herr Staatsratsvorsitzender, ein dringendes Anliegen vorzutragen, weil es sich um ein Problem handelt, das verschiedene Generationen von jüdischen Familien in aller Welt betrifft.

Es ist uns bekannt geworden, daß von verkehrstechnischer Seite der Deutschen Demokratischen Republik daran gearbeitet wird, in Kürze mit dem Bau einer Autobahn zu beginnen, die den altwürdigen Friedhof in Berlin-Weissensee in große Mitleidenschaft ziehen würde.

Aus diesem Grund darf ich mich daher an Sie, sehr geehrter Herr Staatsratsvorsitzender, direkt wenden, weil Eile geboten ist. Der jüdische Friedhof in Weissensee besteht jetzt 106 Jahre. Auf ihm befinden sich rund 114.000 Gräber von verstorbenen jüdischen Bürgern Berlins, u.a.

auch viele KZ-Urnen, die in den Jahren der Verfolgung noch den damaligen Familienangehörigen per Post zugestellt wurden. Der Friedhof ist daher mehr als eine übliche Begräbnisstätte. Dieser Friedhof stellt ein Mahnmal dar, und es ist ein bedrückendes Gefühl, zur Kenntnis nehmen zu müssen, daß eine Autostraße durch ihn führen soll.

Ein weiteres, vielleicht noch wichtigeres Argument bewog mich, mich persönlich an Sie, sehr geehrter Herr Staatsratsvorsitzender, zu wenden und um Ihre persönliche Intervention zu bitten. In der Zeit ab Februar 1943, als fast die gesamte jüdische Bevölkerung bereits in die Todeslager deportiert war, gab es noch einige Juden in Berlin. Auf dem Friedhof fanden regelmäßig Beerdigungen statt. Verantwortlich war der spätere Landesrabbiner Dr. h.c. Martin Riesenburger, der etwas Einmaliges geleistet hat, und dessen Arbeit, die mit großem Risiko verbunden war, niemals in Vergessenheit geraten darf. Dr. h.c. Riesenburger hat sich bis zuletzt um diese Menschen gekümmert und ihnen Beistand gewährt bis zu ihrem Tod und hat selbst an den Bestattungen mitgewirkt. In Berlin lebten damals mehr als 1200 Personen illegal, die von der Gestapo gejagd wurden. Wir wissen, welche Gefahr Menschen auf sich nahmen, diesem Personenkreis Zuflucht zu gewähren. Eine große Anzahl dieser Menschen verstarb und wurde dann heimlich, auch unter großem Risiko, zum jüdischen Friedhof gebracht und dort beigesetzt. Diese Todesfälle durften nicht gemeldet werden. Wer wie Sie, sehr geehrter Herr Staatsratsvorsitzender, auch die damalige Situation der Verfolgten des unmenschlichen Regimes kennt, kann ermessen, welche Gefahren Dr. Riesenburger und seine wenigen Mitarbeiter auf sich nahmen. Wie bereits erwähnt, fanden diese Beisetzungen heimlich und nachts statt, und zwar auf dem Gelände, das jetzt als Straßentrasse vorgesehen ist.

Dies war der einzige Ort, der nicht kontrolliert wurde. Die vielen Gräber wurden nicht besonders gekennzeichnet, und niemand wußte daher, ob und wieviele jüdische Menschen dort bestattet wurden.

Nun soll über diese Felder eine Straße gebaut werden. Das würde bedeuten, diese Ruhestätten, die vielleicht einmalig in der Geschichte der Verfolgung errichtet wurden, zu zerstören. Unser Anliegen ist es, Sie, sehr geehrter Herr Staatsratsvorsitzender, zu bitten, dies nach Möglichkeit verhindern zu wollen.

Sie werden auch die Unruhe vieler Menschen verstehen, die diese Sorge mit uns teilen. Ich weiß, daß gerade Sie, auch als ein ehemals Verfolgter des Nazi-Regimes, dafür ein besonderes Verständnis aufbringen werden. Falls weitere Auskünfte gewünscht werden, so stehe ich auch zu einer persönlichen Unterredung zur Verfügung.

Als Überlebender von Auschwitz bitte ich Sie, sehr geehrter Herr Staatsratsvorsitzender, um eine wohlwollende Entscheidung dieses für uns so wichtigen Anliegens. Unzählige jüdische Menschen in aller Welt werden Ihnen dafür in besonderer Dankbarkeit verbunden sein. Mit dem Ausdruck auch meiner besonderen Dankbarkeit

Seit Oktober 1985 hatten verschiedene ausländische jüdische Gemeinden sowie Ost-Berliner Bürgerrechtler wiederholt gegen das Vorhaben des Magistrats protestiert, eine Autostraße über das Gelände des jüdischen Friedhofs zu bauen sowie auf dem angrenzenden Gelände ein Objekt des Ministeriums für Staatssicherheit errichten zu lassen. Die Ost-Berliner jüdische Gemeinde hatte dagegen diesem Vorhaben zugestimmt. Am 1. Oktober 1986 antwortete Erich Honecker auf den Brief von Heinz Galinski: »Was Ihre Wünsche zum jüdischen Friedhof in Weissensee betrifft, so hatte ich bereits aufgrund von Hinweisen, die mir von anderer Seite übermittelt wurden, Entscheidungen veranlaßt, die voll und ganz Ihrem Schreiben entsprechen.« Einer der Hinweise, die EH zu denken gaben, stammte vom DDR-Staatssekretär für Kirchenfragen, Klaus Gysi. Er wies in einem Gutachten Honecker darauf hin, daß zum Zeitpunkt der Spaltung des Magistrats die in West-Berlin vollzogene Rückgabe jüdischen Eigentums in Ostberlin gestoppt wurde. Dabei sei es bis heute ge-

blieben. »*Inzwischen hatte sich bei den zuständigen Genossen im Magistrat und im Ministerium der Finanzen die Auffassung verfestigt, daß das von den Nazis generell zum Reichseigentum erklärte ehemalige jüdische Grundeigentum damit volkseigen geworden sei und nicht rückerstattet werden dürfe. Diese Meinung teilte vorübergehend auch das Amt für den Rechtsschutz des Vermögens der DDR. (...) Diese Situation kann sich m.E. als eine kleine Zeitbombe erweisen. Wir lehnen prinzipiell ab, Rechtsnachfolger des alten faschistischen Regimes zu sein. Ausgerechnet in der Frage des enteigneten jüdischen Grundeigentums in Berlin berufen wir uns de facto auf diese Rechtsnachfolge. Alle Kirchen und Religionsgemeinschaften in der DDR und Berlin, Hauptstadt der DDR, haben ihr Vermögen voll erhalten, wurden aus der Bodenreform ausgenommen. Ausgerechnet die jüdischen Gemeinden bleiben enteignet. (...) Jede öffentliche Auseinandersetzung um diese Frage wäre unangenehm und schädlich.*« *Es sei erforderlich, unter Berücksichtigung dieser Umstände,* »*jede konkrete Einzelforderung, die erhoben wird, sofort großzügig zu klären, damit nicht an einem Einzelfall der ganze Komplex aufgeworfen bzw. hochgespielt werden kann*«. *Gysi schlug vor, die ganze Angelegenheit zu bereinigen und der jüdischen Gemeinde Berlin, Hauptstadt der DDR, ihr gesamtes Grundeigentum und damit auch die Verfügungsgewalt an allen von ihr genutzten Objekten zurückzuerstatten. Alle erforderlichen Maßnahmen sollten sofort in Angriff genommen werden,* »*damit sie vor den Gedenkfeierlichkeiten zum 50. Jahrestag der Wiederkehr der faschistischen Pogromnacht im November 1988 erledigt sind.*« *So wurde verfahren.*

Im oben erwähnten Brief an Heinz Galinski schrieb Erich Honecker weiter: »*Wir vergessen nie, daß Bürger jüdischen Glaubens, Kommunisten, andere aktive Antifaschisten die ersten Opfer des braunen Mordterrors wurden. Die Schlußfolgerungen, die daraus für Gegenwart und Zukunft zu ziehen sind, gehören zur Staatsdoktrin der Deutschen Demokratischen Republik. Seien Sie versichert, daß Antisemitismus, Neofaschismus, Rassismus und Fremdenhaß, wie sie mancherorts immer wieder aufflackern, bei uns in der Deutschen Demokratischen Republik für allemal getilgt, mit der Wurzel ausgerottet sind und keine Chance auf eine Wiedergeburt haben.*« *Gegenüber Israel, wo viele vor den Nazis geflohene europäische Juden lebten, verfocht Honecker allerdings eine andere Politik.*

Am 8. März 1973 erklärte das Zentralorgan der FDJ »*Junge Welt*«, *die Forderung Israels auf Rückerstattung des vom NS-Regime enteigneten jüdischen Eigentums an israelische Staatsbürger sei unberechtigt, die DDR sei* »*aufgrund der aggressiven imperialistischen Poltik Israels auch nicht daran interessiert.*«

Erich Honecker, 3. November 1973

Waffen gegen Israel

Hafez el Assad, geboren 1930. Militärakademie, syrischer Kunstflugmeister, Mitglied der militärischen Kommission, die am 8. März 1963 nach einem Staatsstreich die Macht übernahm. 1964 Oberbefehlshaber der Luftwaffe, 1970 Generalsekretär der Baath-Partei, seit 1971 Staatspräsident. Assad erhielt von Erich Honecker den folgenden Brief.

Exzellenz! Das Zentralkomitee der Sozialistischen Einheitspartei Deutschlands und die Regierung der Deutschen Demokratischen Republik versichern Sie ihrer vorzüglichen Hochachtung und ihrer festen Solidarität bei der Durchsetzung der gerechten Forderungen der arabischen Völker und Staaten nach vollständigem Rückzug Israels von allen im Jahre 1967 okkupierten arabischen Territorien und nach Gewährleistung der legitimen Forderungen des arabischen Volkes in Palästina.

Das Volk der Deutschen Demokratischen Republik unterstützt, gemeinsam mit den Völkern der Sowjetunion und der anderen Staaten der sozialistischen Gemeinschaft, in dieser Situation wie stets konsequent alle Staaten und Völker, die für Freiheit und Unabhängigkeit kämpfen, wie es auch in der gemeinsamen Erklärung des Politbüros des Zentralkomitees der Sozialistischen Einheitspartei Deutschlands, des Staatsrates und des Ministerrates der Deutschen Demokratischen Republik zur neuen israelischen Aggression zum Ausdruck kommt.

Ich habe die Ehre, Ihnen in diesem Zusammenhang mitzuteilen, daß die Deutsche Demokratische Republik entsprechend Ihrer Botschaft vom 10. Oktober 1973 der Syrischen Arabischen Republik zur Unterstützung ihres gerechten Freiheitskampfes folgende Militärtechnik und Munition zur Verfügung stellt:

1. Eine Staffel Abfangjagdflugzeuge MiG-21 im Bestand von 12 Flugzeugen mit dazugehöriger Bodenausrüstung und 3 Kampfsätzen Munition und Flugzeugraketen.

2. 62 mittlere Panzer vom Typ T-54 AM mit 3 Kampfsätzen Munition (6100 Granaten, 720.000 Schuß MG-Munition, 3600 Handgranaten) für die Ausrüstung von zwei Panzerbataillonen.

3. 300 Panzerbüchsen RPG-7 mit 4 Kampfsätzen Munition (24.000 Schuß).

4. 74.500 Granaten davon für 82 mm Granatwerfer 15.000 Granaten, 57 mm Panzerabwehrkanonen 40.000 Granaten, 85 mm Panzerabwehrkanonen 12.000 Granaten, 100 mm Kanonen T 12 2800 Granaten, 130 mm Kanonen 4700 Granaten.

5. 30.000 Panzerminen vom Typ TM-46.

Diese Militärtechnik und Munition sind den Streitkräften der Syrischen Arabischen Republik bereits übergeben worden.

Das Zentralkomitee der Sozialistischen Einheitspartei Deutschlands und die Regierung der Deutschen Demokratischen Republik sind davon überzeugt, daß diese Unterstützung zum Erfolg des gerechten Kampfes des um Freiheit und Unabhängigkeit kämpfenden Volkes der Syrischen Arabischen Republik beitragen wird und versichern Sie, Exzellenz, ihrer weiteren Solidarität.

Nehmen Sie bitte die brüderlichen Grüße des Volkes der Deutschen Demokratischen Republik für das Volk der mit uns eng befreundeten Syrischen Arabischen Republik entgegen. Mit dem Ausdruck meiner vorzüglichen Hochachtung

Waffenbestellungen erreichten Honecker aus verschiedenen Teilen der Welt.

Sam Nujoma, 21. Juni 1982

BITTE UM WAFFEN

Sam Nujoma, geboren 1929. 1959 Mitbegründer und Präsident der SWAPO. 1989 erster Präsident des unabhängigen Namibia.

Teurer Genosse Sekretär! Im Namen des Zentralkomitees der SWAPO und des kämpfenden namibischen Volkes möchte ich Sie informieren, daß der Kampf für die nationale Befreiung in Namibia ein kritisches Stadium erreicht hat, das von der SWAPO fordert, ihre Kampfanstrengungen an allen Fronten zu intensivieren.

Kürzlich erfolgte diplomatische Aktionen und die Umstände in unserer Region haben Bedingungen geschaffen, mit denen die Imperialisten und ihre rassistischen Klienten in Pretoria versuchen könnten, eine schnelle und betrügerische Einstellung des bewaffneten Kampfes in Namibia anzustreben und dadurch die Umsetzung des UNO-Planes unter Bedingungen zu forcieren, die die SWAPO in eine unvorteilhafte Position bringt.

Nach einer umfassenden Einschätzung der gegenwärtigen Situation in und um Namibia, ist das ZK der SWAPO zu der Schlußfolgerung gelangt, daß es für unsere Bewegung dringend notwendig ist, ihre militärischen Positionen auf dem Boden Namibias zu erweitern und zu festigen. Die Führung unserer Bewegung ist davon überzeugt, daß es für unsere bewaffneten Befreiungskräfte notwendig ist, in Namibia in der Periode vor und unmittelbar nach der Durchführung von Wahlen gewisse Punkte zu besetzen und unter effektiver Kontrolle zu halten, um den Feind daran zu hindern, seine Anstrengungen fortzusetzen, dem Einfluß der SWAPO unter den unterdrückten Massen entgegenzuwirken. Es ist ganz klar, daß die amerikanischen Imperialisten und Südafrika geschäftig versuchen, militärische Vorteile im südlichen Afrika zu erzielen.

In diesem Zusammenhang versuchen sie nicht nur die SWAPO zu entwaffnen, sondern machen den Abzug der kubanischen internationalistischen Kräfte aus der VR Angola zur Vorbedingung dafür, daß Pretoria seine illegale und kolonialistische Besetzung Namibias beendet.

Aus diesem Hintergrund möchte ich das Zentralkomitee der Sozialistischen Einheitspartei Deutschlands dringlich um die folgenden Waffen, die wir lebensnotwendig zur Stärkung unserer militärischen Position benötigen, bitten:

7,62 mm MPi's 500 Stück;

RPG-7 Panzerbüchsen 50 Stück;

RPG-7 Granaten 5000 Stück.

Im Hinblick auf die rasche Geschwindigkeit, mit der sich die Ereignisse in den nächsten Wochen entwickeln könnten, möchte ich das ZK der SED darum bitten, die aufgeführten Materialien als Luftfracht in die Volksrepublik Angola zu entsenden. Genehmigen Sie, Genosse Sekretär, die Versicherung meiner vorzüglichen Hochachtung.

Petra Kelly, 19. Oktober 1987

MITSTREITER FÜR DEN FRIEDEN

*Kelly, 1947-1992. Studium der Politischen Wissenschaft
1966-70 in Washington. Teilnahme an der Bewegung gegen
den Vietnamkrieg in den USA, Mitarbeiterin der Präsident-
schaftskampagnen für Robert Kennedy und Hubert Hum-
phrey. Bis 1979 SPD-Mitglied. Nach Übertritt zu den den
Grünen Bundestagsabgeordnete von 1983 bis 1987. 1983 öf-
fentlicher Protest gegen Atomwaffen in Ost- und West auf
dem Ost-Berliner Alexanderplatz. Petra Kelly gehörte zu den
wenigen Politikern, die die Bürgerrechtsbewegung in der
DDR aktiv unterstützten. Bei dem Zusammentreffen einer
Delegation der Grünen mit Honecker 1983 trug sie demon-
strativ ein T-Shirt mit dem Symbol der unabhängigen DDR-
Friedensbewegung »Schwerter zu Pflugscharen«. Petra Kelly
wurde am 1. Oktober 1992 erschossen.*

Sehr geehrter Herr Honecker, am 26. März 1988 wird
unser so geschätzter Freund und Mitstreiter für den Frieden, Gert Bastian, 65 Jahre alt. Ich möchte aus diesem
Anlaß eine Festgabe vorbereiten, die Gert Bastian viel
Freude machen und für die Öffentlichkeit eine Bestands-
aufnahme darstellen soll von persönlicher und politischer
Weggenossenschaft seiner Freunde und Mitstreiter.

Es wäre sehr schön, wenn Sie, lieber Herr Honecker,
einen Gruß für Gert Bastian zuschicken könnten. Die
Originale selbst werden Gert Bastian an seinem 65. Geburtstag am 26. März 1988 überreicht. Wenn möglich,
möchte ich zusammen mit einem Verlag von den Beiträ-
gen einen Faksimile-Band herstellen (in kleiner Auflage).

Bitte schicken Sie mir, wenn möglich, Ihr Grußwort
und die Geburtstagsbotschaft bis Ende November an:
Bundeshaus, HT 718, 5300 Bonn – mit Vermerk »ver-
traulich«. Ich möchte Gert Bastian, meinen Seelengefähr-

ten, der so unermüdlich und selbstlos für Frieden, für den Schutz der Menschenrechte und für radikale Abrüstung kämpft, eine Freude mit der Festgabe zum 65. Geburtstag bereiten. Ich würde mich sehr freuen, wenn Sie mitmachen könnten! Mit vielen lieben Grüßen! Ihre dankbare

Erich Honecker, 26. März 1988

Abrüstung aller Waffen

Sehr geehrter Herr Gert Bastian! Es ist mir ein Bedürfnis, Ihnen zu Ihrem 65. Geburtstag herzliche Grüße und beste Wünsche zu übermitteln. Bei unseren Begegnungen habe ich Sie als einen Menschen kennengelernt, der mit Verstand und Herz für die entscheidende Frage unserer Zeit, für die Sicherung des Friedens und die Verhinderung eines atomaren Infernos, eintritt. So sind Sie auch in der Deutschen Demokratischen Republik als Mitinitiator des »Krefelder Appells« und als Angehöriger der Gruppe »Generale für den Frieden« bekannt und in Ihrem Friedensengagement geschätzt. Mit Genugtuung habe ich in unserem Gespräch während meines offiziellen Besuchs in der Bundesrepublik Deutschland Übereinstimmung zwischen uns bestätigt gefunden, daß im nuklearkosmischen Zeitalter die wichtigen Menschheitsprobleme nur zu lösen sind, wenn die Abrüstung vorangebracht und der Frieden auf Dauer gesichert wird.

Nehmen Sie an Ihrem Ehrentag meine Versicherung entgegen, daß die Deutsche Demokratische Republik ihr politisches Gewicht in der weltweiten Friedensbewegung stets zur Geltung bringen wird, damit bis zum Jahr 2000 die Menschheit von der atomaren Geißel befreit und durch radikale Abrüstung aller Waffengattungen die

kühne Vision von einer Welt ohne Krieg und Gewalt
Schritt für Schritt Realität werden kann.

Es möge uns gelingen, dafür die Kräfte des Friedens,
der Vernunft und des Realismus zu mehren. Ich wünsche
Ihnen Gesundheit, Schaffenskraft und persönliches
Wohlergehen.

Petra Kelly · Gert Bastian, 19. Januar 1989

Empörende Meldungen

Bastian, 1923-1992. 1941 Fahnenjunker, 1956 Eintritt in die
Bundeswehr als Oberleutnant, später Panzer-General. Von
1954 bis 1963 Mitglied der CSU. 1980 wurde Bastian wegen
seiner Kritik am Nachrüstungsbeschluß der NATO vorzeitig
in Pension geschickt. Nach Aktivitäten in der westdeutschen
Friedensbewegung Mitbegründer der blockübergreifenden
Vereinigung »Generale für den Frieden«, seit 1983 Mitglied
des Deutschen Bundestages für die Grünen, nach innerpartei-
lichen Konflikten bis zum Ende der Legislaturperiode frakti-
onsloser Abgeordneter. Er erschoß sich am 1. Oktober 1992.

Sehr geehrter Herr Honecker, die empörenden Meldun-
gen über eine erneute Welle der Verfolgung und Unterdrückung unserer Freundinnen und Freunde in den unabhängigen Friedens- und Menschenrechtsgruppen der
DDR fordern unseren schärfsten Protest heraus. Sie erinnern in unguter Weise an die für die Regierung der DDR
beschämenden Verhaftungen und Abschiebungen vor einem Jahr, die schon im Interesse des internationalen An-
sehens ihres Landes besser eine endgültige überwundene
Vergangenheit geblieben wären. Daß heute abermals
Bürgerinnen und Bürger der DDR verfolgt, verhaftet
und am Äußern ihrer Meinung gehindert werden, nur

weil sie sich für eine positive Weiterentwicklung der sozialistischen Gesellschaft ihres Landes, für Frieden durch Abrüstung und für gesicherte Menschenrechte engagieren, ist ein Schlag ins Gesicht aller Menschen guten Willens, die in gleicher Weise überall auf der Welt für eine Zukunft ohne Kriegsfurcht und ohne jedwede Unterdrückung kämpfen.

Es ist zugleich auch eine Entweihung des feierlichen Gedenkens an die schändliche Ermordung von Rosa Luxemburg und Karl Liebknecht vor nunmehr siebzig Jahren, weil gerade diese Opfer blindwütiger Intoleranz und haßerfüllter Ignoranz Vorkämpfer für die Befreiung der Menschen von Unterdrückung und geistiger Bevormundung gewesen sind.

Wir wollen nicht glauben, daß Sie mit dem, was in den letzten Tagen in der DDR geschehen ist, einverstanden sind, darum bitten wir Sie dringend, den im Zusammenhang mit den erwähnten Gedenkfeiern besonders perversen Schikanen der DDR-Behörden gegenüber politisch engagierten Bürgerinnen und Bürgern der Deutschen Demokratischen Republik unverzüglich ein Ende zu machen, die sofortige Freisetzung aller Inhaftierten anzuordnen und dafür Sorge zu tragen, daß ähnliche Willkürakte nicht mehr vorkommen.

Stephan Hermlin, 15. März 1989

ENDLICH

*Stephan Hermlin, geboren 1915 in Chemnitz, 1933 bis 1936
illegale politische Arbeit gegen die Nazis, dann Exil in Spani-
en und Frankreich, Internierung in der Schweiz, 1945 Redakteur in Frankfurt/Main, 1947 Übersiedlung in die SBZ,
spätere DDR. Lebt als Schriftsteller in Berlin.
Stefan Heym, geboren 1913 in Chemnitz, 1933 Emigration
in die USA, während des Krieges als Offizier der US-Army
journalistische Arbeit gegen die Nazis, Rückkehr nach
Deutschland 1945 in die amerikanische Zone, 1952 Übersiedlung in die DDR, dort ab 1965 faktisch Publikationsverbot,
das zehn Jahre später teilweise aufgehoben wurde. 1979 Aus-
schluß aus dem DDR-Schriftstellerverband. Lebt als Schriftsteller in Berlin.*

Lieber Erich. Es tut mir leid, daß ich in einer Sache vor-
stellig werden muß, die uns nun seit mehr als dreißig Jahren beschäftigt. Nach Stefan Heyms 75. Geburtstag im vo-
rigen Jahr schien es mit der Herausgabe einiger seiner
Bücher vorwärts zu gehen. Der Roman »Ahasverus« erschien im Herbst letzten Jahres. Gleichzeitig konnte er einen Vertrag über seinen Roman »Fünf Tage im Juni« abschließen. Dieses Buch – es war mit den zuständigen
Instanzen abgesprochen – sollte im Herbst 1989 heraus-
kommen. Jetzt sagt mir Heym, daß die Druckgenehmigung bis jetzt nicht erteilt ist. Kein Mensch weiß, woran es
liegt. Dieses Hinundher dauert nun schon Jahrzehnte. Ich
sage mir manchmal, daß derartige Dinge bei uns wohl nur
durch geharnischte Dekrete zu erledigen sind. Aber die
will ja nun keiner von uns. Bitte lieber Erich, sage in dieser
durch und durch geprüften Angelegenheit ein deutliches
Wort. Ich denke oft an Dich und hoffe, daß es Dir gut
geht. Ich hätte mich gern persönlich bei Dir gemeldet wie

in der Vergangenheit. Aber ich weiß, mit wie vielen Dingen Du belastet bist. Mit herzlichen Grüßen.

Honecker leitete das Schreiben zur Bearbeitung an Krenz weiter. Der teilte ihm am 31. März mit: »Am Mittwoch sprach ich telefonisch mit Stephan Hermlin, übermittelte herzliche Grüße von Dir, teilte mit, daß Du Dich im Urlaub befindest und deshalb erst heute die Reaktion auf seinen Brief an Dich erfolgt. Im Gespräch verwies ich u.a. darauf, daß alle Bücher von Stefan Heym, die im Gespräch waren, inzwischen in der Republik veröffentlicht wurden. Stephan Hermlin bestätigte dies und sagte, er sei dafür auch sehr dankbar. Dennoch bliebe es ein Problem mit dem Titel ›Fünf Tage im Juni‹. Nach dem Geburtstag von Stefan Heym habe es geheißen, daß dieses Buch veröffentlicht würde. Darüber seien im Westen bereits Informationen verbreitet worden. Stefan Heym habe auch bereits mit dem Verlag ›Der Morgen‹ Verbindung gehabt. Ihm sei aber mitgeteilt worden, daß es keine Druckgenehmigung gebe. Darüber habe Stefan Heym ihm – Stephan Hermlin – ›betrüblich berichtet‹. Stephan Hermlin machte darauf aufmerksam, daß man im Westen wieder mächtig gegen uns hetzen würde, wenn man erführe, daß der Titel ›Fünf Tage im Juni‹ von Stefan Heym doch nicht kommen soll. Ich sagte Stephan Hermlin, daß er davon ausgehen könne, daß seine Bitten, die er an dich richtet, wie bisher gewissenhaft geprüft werden. Stephan Hermlin bedankte sich für diese Mitteilung, bat mich jedoch, dies Stefan Heym auch persönlich zu sagen und übermittelte Dir noch einmal seine persönlichen Grüße. Inzwischen habe ich erfahren, daß zwischen dem Buchverlag ›Der Morgen‹, wo Stefan Heym Stammautor ist, und ihm ein juristisch gesicherter Verlagsvertrag existiert. Auf internationalen Pressekonferenzen sowohl in der BRD als auch in der DDR wurde bereits mehrmals darauf hingewiesen, daß ›Der Morgen‹ dieses Buch herausgibt. Nach dem Stand der Dinge wäre es zweckmäßig, durch das Ministerium für Kultur die Druckgenehmigung zu erteilen, damit das Buch von Stefan Heym herausgegeben werden kann. Ich bitte um Kenntnisnahme bzw. Entscheidung. Mit sozialistischem Gruß.«
Honecker unterstrich »Druckgenehmigung zu erteilen« und schrieb an den Rand »einverstanden«. Der Roman »Fünf Tage im Juni« behandelt den Aufstand vom 17. Juni 1953, den ersten Versuch, die Verhältnisse in der DDR grundsätzlich zu ändern. Im Unterschied zum Herbst 1989 retteten damals sowjetische Panzer das Regime. Das Buch erschien am 31. Oktober 1989, also knapp zwei Wochen nach Honeckers Sturz und 9 Tage vor dem faktischen Ende der SED-Herrschaft.

François Mitterrand, 4. November 1989

Botschaft zum Ausscheiden

Mitterrand, geboren 1916, Rechtsanwalt, Mitarbeit in der Résistance, 1946 Mitbegründer der Union Démocratique e Socialiste de la Résistance. Opposition gegen de Gaulle, Mitglied der sozialistischen PSF seit 1971, seit 1981 Staatspräsident. Letzter westlicher Staatspräsident, der 1989 der DDR einen Staatsbesuch abstattete.

Herr Vorsitzender! Ich danke Ihnen für Ihre Botschaft vom 2. November zum Ausscheiden aus Ihren Ämtern, die uns die Möglichkeit zur Begegnung und zum Meinungsaustausch gaben. Ich bin sicher, daß sich die Zusammenarbeit zwischen unseren beiden Staaten, der wir verbunden sind, fortsetzen und erfolgreich entwickeln wird. Jetzt, wo Sie sich aus dem öffentlichen Leben zurückziehen, erlaube ich mir, Ihnen Genesungswünsche zu senden und alle zu grüßen, die Ihnen nahestehen. Ich bitte Sie, Herr Vorsitzender, den Ausdruck meiner vorzüglichen Hochachtung entgegenzunehmen.

Hamburger Genossen, 27. Oktober 1989

Postkarte aus Florida

Verehrter Genosse Erich Honecker! Als ein Teil der westdeutschen kommunistischen Bewegung möchten wir Dir für Deinen unermüdlichen Einsatz beim Aufbau des Sozialismus in der DDR nochmals aufs Herzlichste danken.

[Diverse Unterschriften Hamburger Genossen aus dem gemeinsamen Urlaub.]

Barbara B. aus Barth, 1. November 1989

Von der Menschheit vergessen

Hochverehrter lieber Herr Erich Honecker! Nach all den langen Jahren Ihrer vielen Mühen und Erfolge erleben Sie nun eine so furchtbare Zeit der Krankheit und des Mißgeschickes. Es tut mir so leid und ich möchte Ihnen noch einmal sehr, sehr herzlich danken für alles, was Sie der Menschheit Gutes getan haben. Wie lange haben wir durch Ihr Zutun in Ruhe und Frieden leben können. Wie schnell wird das von der Menschheit vergessen! – Ich hoffe doch, daß noch viele andere Menschen so denken und fühlen wie ich! Mögen Sie Ihre Krankheit und all das Schlimme hinter Ihnen liegende überstehen und noch ein paar Jahre bei besserer Gesundheit verleben! – In herzlicher Liebe und Verehrung grüßt Sie

Frank W., 19. Oktober 1989

Ich weiss nun, dass du Rentner bist

Lieber Onkel Erich! Ich bin Frank W., sechs Jahre alt, wohne mit meinen Eltern und meinen Geschwistern K. (fünf Jahre) und T. (ein Jahr) in G. (Bezirk Schwerin) in einem schönen Haus an einem schönen See. Im Kindergarten und zu Hause haben wir viel über unser Land, unsere Hauptstadt und Deine Arbeit gesprochen. Nun erzählte mir Mutti, daß Egon Krenz Deine Arbeit übernommen hat. Ich weiß nun, daß Du wie mein Opa (so alt wie Du) Rentner bist und war etwas traurig, daß ich Dich nun nicht mehr im Fernsehen sehe. Um Dir eine Freude zu machen und Dir für Deine Arbeit zu danken, malte ich gleich dieses Bild. In der Mitte des Bildes bist Du, lieber Onkel Erich, mit dem Halstuch der Thälmann-Pioniere. Der Turm soll der Berliner Fernsehturm sein, aber Mutti meint, er sieht dem Schweriner ähnlich. Aber in Berlin war ich ja noch nicht. Meine Schwester K. und unser Brüderchen T. und ich sind auch zu sehen. Damit Du aber weißt, wie wir richtig aussehen, klebe ich noch ein Foto auf. Wir alle wünschen Dir alles Gute, vor allem Gesundheit. Dein Frank

Werter Genosse Honecker! Auch wir als Eltern, A. (Berufsfeuerwehr) und A. (Unterstufenlehrerin), verspüren das Bedürfnis, Ihnen für Ihre geleistete Arbeit zu danken, die Grundlage für unser sicheres und glückliches Leben ist. Wir wünschen Ihnen viel, viel Gesundheit, damit Sie unserem Land noch lange mit Rat zur Seite stehen können. Als Patenkind von Wilhelm Pieck verfolgte ich von Kindheit an sehr interessiert unser Leben und erinnere mich daran, 75 rote Nelken für Walter Ulbrichts 75. Geburtstag gemalt zu haben. So freute ich mich heute sehr über die spontane Reaktion meiner Kinder, diesen Brief zu schreiben und wir hoffen beide, auf dem richtigen Weg der Erziehung zu sein. Es wäre schön, wenn Sie diese Freude nachempfinden könnten. In Verbundenheit, Ihre Genossen

Dank

gebührt den Damen und Herren der Stiftung Archiv der
Parteien und Massenorganisationen der DDR im Bundesarchiv in Berlin, im Bundesarchiv Potsdam und dessen
Außenstelle in Coswig; Kai Diekmann für den ersten An-
stoß zu diesem Buch; Conny Wassmann für unermüdli-
che Schreibarbeit; Michael Kubina für ein Dokument;
Oberförster Detlev Wenz für seine aufklärenden Hinweise über Nachtigallen; den DDR-Bürgerrechtlern und
allen, die aus der Vergangenheitsverwaltung nach dem
Ende der ersten Diktatur die Konsequenz zogen, der
zweiten keine Gleichbehandlung zu gewähren; den vielen
unerkannten Mitarbeitern des Zentralkomitees der Sozialistischen Einheitspartei Deutschlands für ihre archivali-
schen Vorarbeiten und last but not least dem FEB :Transit
(Gudrun Fröba und Rainer Nitsche) für herausragende
Lektorats- und Verlegerleistungen.

MONIKA DEUTZ-SCHROEDER, Jahrgang 1953, Politikwis-
senschaftlerin. JOCHEN STAADT, Jahrgang 1950, Mitarbeiter
im Forschungsverbund SED-Staat der Freien Universtität
Berlin.

© für diese Auswahl
1994 by : TRANSIT Buchverlag
10961 Berlin
Gneisenaustraße 2

Layout und Umschlaggestaltung: Gudrun Fröba
Druck, auf säurefreiem Werkdruckpapier der Firma Salzer,
und Bindung: Kösel GmbH, Kempten
ISBN 3-88747-096-6